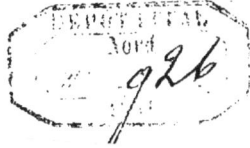

NOTICE HISTORIQUE.

NOTA. *Cette notice est tirée à 150 exemplaires seulement.*
Chaque exemplaire sera numéroté et paraphé par l'auteur.

HISTOIRE

ET

GÉNÉALOGIE

DES

COMTES DE LALAING,

Par M. BRASSART,

SECRÉTAIRE DES HOSPICES ET DU BUREAU DE BIENFAISANCE DE LA VILLE DE DOUAI, ARCHIVISTE DE LA SOCIÉTÉ IMPÉRIALE ET CENTRALE D'AGRI- CULTURE, SCIENCES ET ARTS DU DÉPARTEMENT DU NORD, MEMBRE CORRESPONDANT DE LA COMMISSION HISTORIQUE DU MÊME DÉPARTEMENT, DE LA SOCIÉTÉ DES ANTIQUAIRES DE LA MORINIE ET DE CELLE D'AGRICULTURE, SCIENCES ET ARTS DE VALENCIENNES.

DEUXIÈME ÉDITION,

Revue, augmentée et ornée de deux lithographies représentant le château de Lalaing, les armes et le *fac simile* de plusieurs signatures des comtes de Lalaing.

DOUAI,

ADAM D'AUBERS, IMPRIMEUR, RUE DES PROCUREURS, 12.

— 1854 —

ENTRÉE DU CHÂTEAU DE LALLAING.

INTRODUCTION.

Chargé par M. le comte de Montozon, ancien pair de France, et maire de Lalaing, de dépouiller, de classer et d'analyser les archives de sa commune, nous nous sommes acquitté de ce soin et nous avons fait un inventaire qui comprend 2,600 actes, tous en parchemin et en français. Les plus anciens remontent au milieu du XIIIe siècle. Notre intention avait été, au moyen des documents trouvés dans ce dépôt, de faire l'histoire du village de Lalaing (1) ; mais nous nous sommes trouvé arrêté par

(1) Dans le cours de cette notice, le mot Lalaing sera toujours écrit avec une *l*, ainsi qu'on le lit dans les plus anciens actes des archives.

M. Guilmot, dans un manuscrit qu'a bien voulu nous communiquer M. Duthillœul, commence ainsi sa notice sur Lalaing : « *Lallaing, Lalaing, Lalain , Laleng , Lalen*, etc., *lac peu profond* , du celtique *Laech* , et par syncope *La , bas* , qui a peu d'eau, comme dans cette phrase flamande : *de rivier is lecg* , la rivière est basse, et dans celle-ci qui est anglaise : *tis low water*, l'eau où la marée est basse, dans lesquelles le *Laech* celtique est aussi désigné que dans le *la* de Lalaing ; et de *Len, Lenn, Leing*, *mer, lacs, étangs*, tout amas d'eau. »

le peu de faits nouveaux que nous aurions eu à citer
après M. Duthillœul , qui l'a retracée dans un ouvrage
intitulé : *Petites histoires des pays de Flandres et d'Ar-*
tois.

Nous ne parlerons pas de la fondation instituée par
Madame la baronne Scalfort , en faveur des pauvres de
Lalaing , qui a donné lieu à un procès scandaleux reproduit par les journaux de la localité des mois de février, mars et avril 1842 (1). Nous nous contenterons
de rapporter , au nombre des pièces justificatives , le
texte d'une charte fort intéressante qui repose aux archives , laquelle contient la loi octroyée aux habitants
de Lalaing par leurs anciens seigneurs (2), et nous rap-
pellerons que les échevins de Douai et les abbés et
religieux de Marchiennes se disputèrent long-temps la
justice et le droit de pêche sur la Scarpe ; que leur dif-
férent fut l'objet d'une transaction du 27 mai 1288 (3) ,
suivant laquelle les échevins obtinrent ce qu'ils dési-
raient depuis Douai jusqu'à un endroit du territoire de
Lalaing où la rivière fait un coude , que tous les titres
de l'ancienne abbaye de Marchiennes désignent sous le
nom de *coude du gaxon* (Wasconis curva). Le 29 du
même mois on planta, dans ce lieu, une borne de pierre,
haute de 16 pieds et large de 3 , pour servir de limite
aux deux juridictions , et chaque année les échevins de
Douai étaient dans l'usage de visiter la rivière jusqu'à la
longue-borne, où ils se rendaient au moyen d'un bateau

(1) Notes historiques sur les hôpitaux de Douai, p. 249.
(2) Voir pièces justificatives, n° 1.
(3) Voir pièces justificatives , n° 2.

construit à cet effet ; là , un des sergents à verge de la ville montait sur la borne et donnait lecture des ordonnances relatives à la navigation. Les échevins revenaient ensuite , après avoir pris part à un dîner peu coûteux qui remplaçait les prodigalités de leurs prédécesseurs.

Nous trouvons encore sur cette contestation avec le seigneur de Lalaing pour le droit de pêche dans la rivière de la Scarpe des lettres en latin, du 24 octobre 1315 (1), de Louis X dit le Hutin , roi de France et de Navarre , fils de Philippe IV dit le Bel , par lesquelles il donne commission au gouverneur de la ville de Douai de rendre prompte et bonne justice.

Lalaing avait été réuni à la gouvernance de Douai par édit du mois de juillet 1777 ; mais il avait aussi été rendu au siége de Bouchain par lettres-patentes du 10 juin 1784, quoiqu'il fît partie de la Flandre-Wallonne pour le fait des finances et des impositions depuis le 1er janvier de l'année précédente.

Ces quelques faits ainsi reproduits , nous arrivons à la généalogie de l'ancienne maison des Lalaing qui florissait dès le XIIe siècle , et de laquelle sont sortis 12 chevaliers de l'ordre de la Toison-d'Or , 3 stadhouders de Hollande et 7 grands baillis de Hainaut.

Peu de maisons ont fourni autant d'hommes remarquables que celle de Lalaing. Le rang élevé qu'elle occupait parmi la noblesse , ses richesses et la considération dont elle jouissait, lui assignent naturellement une place distinguée parmi les plus illustres du pays.

(1) Voir pièces justificatives , no 3.

De tout temps, les membres de cette famille ont joué des rôles importants dans les événements qui composent notre histoire, surtout à l'époque des troubles, lorsque la guerre civile désolait nos belles provinces.

Cette seconde édition, qui sera considérablement augmentée de faits nouveaux et inédits, se divisera en 4 parties; la 1re comprendra la branche aînée des Lalaing, dont l'origine remonte à une époque très reculée; la 2e, la branche cadette qui a commencé à Josse de Lalaing, acquéreur, en 1481, de la seigneurie qui appartenait à Jean, son cousin-germain; la 3e, les Lalaing, seigneurs de Hoochstrate, par l'alliance d'Antoine de Lalaing, fils de Josse, avec Isabelle de Culambourg; et la 4e, les Lalaing, seigneurs de la Mouillerie et Maffle, vicomtes d'Audenarde, qui, par lettres-patentes du 7 avril 1719, furent autorisés à prendre le titre de *comte de Lalaing-d'Audenarde*; nous aurons ainsi résumé dans cette notice l'histoire et la généalogie de cette illustre famille, qui a tenu un rang si remarquable parmi nos preux chevaliers du moyen-âge.

Indépendamment des vertus guerrières que ces seigneurs possédaient, ils aimaient et protégeaient les hommes de lettres; on leur doit en outre la fondation de plusieurs maisons religieuses et de bienfaisance; Nicolas, seigneur de Lalaing, déchargea l'abbaye de Marchiennes de tout péage au pont de cette ville par lettres des 28 septembre 1209 et 1219, confirmées en 1269 par son petit-fils Nicolas, qui accorda pareille faveur à l'abbaye de Flines en 1270. Ce droit de péage existait encore à l'époque de la suppression des droits féodaux et avait été confirmé, au profit du duc d'Aremberg, héritier de la seigneurie de Lalaing, par arrêt du Conseil d'État en date du 1er mars 1761 (1). Un autre seigneur du même nom obtint, en 1367, de Charles V, dit le Sage, roi de France, le droit de paturage dans le marais des Six-Villes pour les habitants de la commune de Lalaing.

Long-temps les seigneurs de Lalaing ont été en guerre ouverte avec l'abbaye d'Anchin. Simon de Lalaing, grand-bailly de Haynaut, voulut s'emparer de certains droits et pouvoirs seigneuriaux sur le domaine d'Anchin, du temps de l'abbé Amédée de Laviniac (de 1344 à 1354); il ne put y parvenir par les moyens de droit et voulut triompher par la force : avec quatre de ses nobles et une troupe d'hommes d'armes, il envahit Pecquencourt, se porta à des actes de violences contre l'abbé et les officiers du magistrat, et fit prisonnier le prieur et le sous-prieur qui lui avaient résisté.

Le pape Innocent VI condamna le seigneur de Lalaing et ses complices à venir faire amende honorable, ayant une corde au cou et une torche à la main.

Cette exécution se fit par contumace d'abord; mais ce ne fut qu'en 1396, après une bulle d'excommunication lancée par le pape, que le seigneur de Lalaing, ses quatre nobles et les hommes d'armes, ses complices, subirent en personne le châtiment. La cérémonie eut lieu

---

(1) M. Guilmot cite Mirœus, t. I, p. 734, le répertoire de Marchiennes, les titres de Flines et le recueil des édits, t. X, p. 747, comme contenant ces renseignements.

sous la forme prescrite par un décret du pape Boniface VII, et sous la prélation de Rodolphe de Longueville, 26ᵉ abbé d'Anchin, successeur d'Amédée de Laviniac (1).

Nous ferons connaître, dans nos recherches, les nobles familles auxquelles les seigneurs de Lalaing s'allièrent, et nous citerons les principaux faits d'armes de ceux qui se sont le plus illustrés pendant les guerres des Pays-Bas, tels que : *Simon*, le premier des Lalaing, qui obtint le titre de chevalier de la Toison-d'Or, le confident de Philippe, duc de Bourgogne, qui pour marque de son affection l'autorisa à porter, pour brisure de ses armes, le lion de Luxembourg; trois de ses fils tués au service de leurs princes ; *Jacques* surnommé le bon chevalier, tué au siége de Poucques en 1453; *Philippe,* son frère, qui eût le même sort à la bataille de Montlhéry ; *Josse*, qui mourut des suites d'une blessure reçue à la bataille d'Utrecht en 1483 ; *Ponthus, Georges, Emmanuel, Philippotte-Chrétienne de Lalaing*, femme de Pierre de Melun, prince d'Epinoy, *Charles* Iᵉʳ, *Charles* II et tant d'autres que l'histoire nous a révélés.

Les seigneurs de Lalaing faisaient leur résidence habituelle dans leur château, qui était considérable, et qui renfermait tout à la fois une partie du village, l'église sous l'invocation de Ste-Aldegonde, du patronat du chapitre des Dames de Maubeuge, et un hôpital qu'ils avaient fondé, connu sous le nom de *Maladrerie ou hôpital St-Antoine*. Le comte de Hainaut, en guerre avec le comte

(1) Ce document nous a été donné par M. le docteur Escallier, l'auteur de l'Histoire de l'ancienne Abbaye d'Anchin.

de Flandre, mit dans ce château, en 1184, une forte garnison. Louis XIV y entretint, pendant quelque temps, une partie de ses troupes, qu'il fut obligé de réunir à son principal corps d'armée pour pouvoir se défendre contre les Espagnols, les Impériaux et les Hollandais ; mais avant de quitter Lalaing, il fit sauter le château le 31 mai 1674. Il ne reste plus aujourd'hui de cette demeure seigneuriale que les deux grosses tours en grès entre lesquelles s'ouvrait la porte d'entrée de l'enceinte générale, et plus loin quelques débris de l'ancien château, où on arrive après avoir traversé une voûte qui a conservé son cachet d'antiquité et sur le devant de laquelle on voit encore l'emplacement de l'écusson qui représentait les armes des Lalaing, de gueules à dix losanges d'argent posées 3. 3. 3. et 1. Le cri d'armes ou de guerre de ces seigneurs était *croisilles* et aussi : *Lalaing*.

Pour devises dont ils étaient très amateurs, Simon de Lalaing et plusieurs de ses hoirs prirent celle-ci : *Sans reproche.*

Charles Ier avait choisi celle un peu fière : *Aultre ne quiert.*

Antoine en avait plusieurs : outre celle, *a nulle plus,* qui était sur son tombeau, à côté de la devise de sa femme : *Y ne moy autre,* il avait aussi un second emblème, dont le corps était une main tenant une gerbe, et l'autre qui sème du blé, avec cette âme : *La mano fa l'opera.* Autre encore, une bague de diamant avec : *Elle dure et durera.* Enfin une bombe qui crève dans l'eau avec cette inscription :

‹ Tant plus grand est son froideur ,

› Et plus est aspre son ardeur (1) !

L'administration municipale de Lalaing dut, au commencement de la révolution, montrer de la fermeté pour réprimer les outrages de quelques-uns des habitants ; elle condamna sévèrement, au mois de juillet 1792 , un individu qui voulait s'opposer à l'exécution des lois et réglements, et qui avait accompagné son refus d'outrages et de menaces envers le maire. Arriva ensuite le moment de la Terreur ! L'église est fermée et elle sert d'écurie pour les chevaux des militaires cantonnés à Lalaing ; les cloches, pesant 3,340 livres, sont envoyées à la fonderie de Douai ; les monuments et tombeaux des seigneurs de Lalaing sont cassés, brisés et mis en pièces par les soldats, qui ensuite parviennent avec des pioches à enlever les cercueils de plomb (2). Le bonnet rouge est

(1) Ces devises ont été extraites d'une notice de M. Arthur Dinaux , publiée dans les *Archives historiques du nord de la France* , t. VI de la nouvelle série, p. 364.

(2) Voici le procès-verbal , assez curieux , rédigé à l'effet de constater l'enlèvement des cercueils de plomb.

L'an deuxième de la République française, une et indivisible, le 27 germinal (16 avril 1794), vers les sept heures du matin , nous maire et officiers municipaux de la commune de Lalaing , adjoint avec les membres composant le Comité révolutionnaire de notre commune, et le citoyen Frejason, commandant le cantonnement dudit Lalaing, il est venu à notre connaissance que hier l'après-midi les hussards cantonnés audit Lalaing avaient déterré, d'un souterrain de la ci-devant église, neuf grands et deux petits cercueils de plomb ; nous nous sommes transportés de suite en ladite église , à l'effet de constater lesdits cercueils , esquels on nous a dit qu'ils étions en la maison du ci-devant

arboré au haut du clocher ; des délibérations sont prises
pour célébrer des fêtes à l'Être suprême et pour composer la liste des prétendus suspects ; enfin , des arresta-
tions d'honnêtes citoyens viennent jeter le trouble et la
perturbation au milieu des familles.

Lalaing ayant servi d'avant-postes aux Français pendant les années 1793 et 1794, leur séjour dans la commune fut marqué par des dégats considérables et des
dommages causés aux bois qui l'environnent. Le déta-
chement des hussards, commandé par le capitaine Frejason, avait pris dans le village une autorité qui était au-
dessus de celle de l'administration municipale ; des
plaintes étaient adressées au district de Douai sur les
dévastations opérées par ces militaires ; elles n'étaient
pas écoutées ; leur opposition était constante et souvent

curé ; nous nous y sommes transportés , où étant , avons demandé au trompette des dits hussards où étaient les cercueils
de plomb qu'ils avaient déterrés hier dans la ci-devant église ,
alors il nous a conduits dans la première chambre ci-devant curiale, en entrant à gauche, où nous avons trouvé le plomb coupé
par tranches, dont après les avoir comptées nous en avons trouvé.................. que nous avons fait transporter de suite en la
maison commune , pour faire conduire demain sur les voitures
qu'ils vont aux vivres pour la troupe, au directoire du district de
Douay, avec une petite cloche venant du clocher de notre commune ; *cependant pour la peine des hussards qu'ils ont eus pour
déterrer lesdits cercueils , les citoyens administrateurs les ré-
compenseront de la manière que les dits administrateurs juge-
ront convenir.*

Fait en la maison commune de Lalaing, les jour , mois et an
que dessus.

même elle était accompagnée d'injures et de menaces (1).

Plus tard le calme se rétablit, le conseil-général de la

(1) Voici la preuve de ces faits :

Au vingt-sept nivôse, deuxième année républicaine (16 janvier 1794.)

Le bureau de permanence de la commune de Lalaing, au commandant de la force armée.

Il nous est parvenu que différents soldats du cantonnement de Lalaing faisoient de plus en plus des dégradations dans les bois, qu'ils portent même la témérité jusqu'à en charger les voitures de réquisition allant à Douai chercher des subsistances, et probablement pour le vendre ; comme de pareils inconvénients ne peuvent qu'être très préjudiciables à la République, et voulant y couper court, nous te requérons de donner pour consigne à ce qu'aucun voiturier ne conduise de bois allant à Douay, sans préalablement être muni d'un permis exprès délivré de nous et visé par le comité de surveillance ; ton civisme nous est un sûr garant que tu prendras toutes les mesures qui sont en ta disposition, pour exécuter cet arrêté. Accuse-nous la réception de la présente.

Salut et fraternité.

« L'an deuxième de la République, une et indivisible, le 11 germinal (31 mai 1794), vers les neuf heures du matin, le citoyen Eugène Debay, agent national de notre commune, nous est venu requérir en ladite maison commune, à effet d'être présent à l'évacuation du restant des meubles qui restaient dans la maison ci-devant curiale, appartenant au citoyen Jean-Baptiste Debay, son frère ; d'après cette réquisition, nous Remy-Joseph Villain, maire, Joseph Sauvage, Silvin Wacquez, officiers municipaux de notre commune, accompagné du citoyen Pierre-Joseph Vertray, garde de notre dite commune, où étant avons trouvé plusieurs hussards du cantonnement de Lalaing, tant dans les chambres, caves., nous leur avons demandé ce qu'ils faisaient dans la maison, ils nous ont répondu que la maison était leur logement, puisque c'était une maison d'émigré. Nous leur avons représenté que nous devions tous être portés pour le bien de la République, puisque cette maison appartenait à la République ; ils nous ont dit sur-le-champ que nous venions dans ladite commune décide que le bonnet rouge placé au clocher sera jeté bas (1), que son église sera ouverte aux fidèles, et le 27 brumaire an V (17 novembre 1796) il donne aux citoyens Martin-Joseph Wacquez et J.-B. Debay l'autorisation d'exercer respectivement le culte catholique, leur faisant cette injonction : « que faute par eux d'ob-

maison que ce n'était que pour *voler*, que nous étions des *gueux*, des *fripons*, *et même qu'ils nous auraient dénoncés au club*, nous leur avons répondu que nous faisions notre devoir et que nous nous moquions de leur dénonciation ; d'après ces difficultés nous sommes montés au grenier pour faire enlever une centaine de flacons vides qui y restaient, et autres effets, ils nous ont totalement empêché d'enlever aucune chose de la dite maison, alors nous avons envoyé chercher le citoyen Nicolas-Joseph Valin, notre secrétaire, pour apposer le scellé sur les portes, vu que nous ne pouvions enlever lesdits effets ; pendant ce temps ils ont fait des menaces outrageantes au citoyen Eugène Debay, agent national, jusqu'à lui dire qu'ils l'auraient *tiraillé à coups de carabine*, même à Pierre-Joseph Vertray, garde, qu'on lui a dit que s'il restait davantage auprès de la maison *ils l'auraient aboli de coups, en tenant le poing levé*. Le secrétaire greffier arrivé pour apposer le scellé, l'avons apposé à la porte de la cave et celle du grenier, malgré les menaces qu'ils faisaient, même jusqu'à dire qu'ils auraient *sabré ledit caché* et qu'ils allaient chercher le citoyen commandant pour le faire quitter, et beaucoup d'autres mauvaises raisons, ensuite nous sommes sortis de ladite maison et en avons dressé le présent procès-verbal que nous avons signé.

Fait à Lalaing les jour, mois et an que dessus.

(1) « 2 thermidor an III de la République (20 juillet 1795).
» Considérant que les bonnets rouges sont présentement défen-
» dus par la loi, le Conseil, désirant se conformer aux dites
» lois, a arrêté, ouï l'agent national, que ledit bonnet rouge
» aurait été jeté bas dudit clocher, sous le plus court délai pos-
» sible, aux frais et dépens de la dite commune. »

» tempérer à l'arrêté, ils seront sur-le-champ dénoncés
» au citoyen Cloteau, commissaire du Directoire exécutif
» du canton, pour être poursuivis selon la rigueur des
» lois. »

Dans la première édition de cet ouvrage, nous exprimions le vœu que l'administration municipale fit auprès de M. le prince d'Aremberg les démarches nécessaires pour obtenir le dépôt, dans le Musée des antiques, des quelques débris ou vestiges des anciens tombeaux des comtes de Lalaing, qui se voyaient dans le jardin du château de Lalaing. Ces démarches ont été couronnées d'un plein succès. Aujourd'hui ces débris de tombeaux se trouvent placés à côté des beaux mausolées de Charles Ier et de Charles II qu'on possédait déjà. M. le comte de Montozon a encore, dans sa propriété à Lalaing, une grande pierre bleue, taillée en relief, parfaitement conservée et qui rappelle le seigneur Antoine de Lalaing, mort en 1469 (1).

Pour composer cette notice historique et généalogique des seigneurs de Lalaing, nous avons puisé nos indications dans un nombre considérable d'ouvrages nobiliaires, et notamment dans des manuscrits de M. Maloteau de Villerode, reposant à la bibliothèque de la ville de Douai et ayant pour titre : *Généalogies des principales maisons de France, des Pays-Bas et d'une partie des*

_____

(1) Nous avons vu aussi dans le cimetière de Montigny une très-belle pierre, parfaitement conservée, qui rappelle la mort d'un descendant des Montmorency. Cette pierre serait beaucoup mieux placée dans notre Musée.

17 provinces ; et *Recueil des anciens tombeaux et sépul-
tures et épitaphes, la plupart des Pays-Bays* ; dans l'histoire de Cambrai et du Cambrésis, par Carpentier ; les
archives de Lalaing ; l'histoire des chevaliers de la Toison-
d'Or, par Maurice ; un manuscrit provenant de M. Guilmot ; les Mémoires de la grande collection de documens
inédits sur l'histoire de France , de Petitot ; Guicciardin, etc., etc.

Nous ne terminerons pas cette introduction sans adres-
ser de nouveau nos sincères et vifs remerciements à
M. Duthilloeul , bibliothécaire de la ville de Douai ,
M. D'Esclaibes, avocat, et à M. Foucques de Wagnon-
ville , pour l'obligeance qu'ils ont apportée à nous aider
dans nos recherches ; à la Société impériale et centrale
d'Agriculture, Sciences et Arts du département du Nord,
pour la marque de bienveillance qu'elle a bien voulu
nous accorder dans sa séance publique du 14 juillet
1847 , et à M. Cahier , conseiller à la Cour impériale,
secrétaire-général , qui , dans son rapport des travaux
de la Société , s'est exprimé ainsi en parlant de notre
travail , article *Concours.*

« Mais , Messieurs, au milieu de cette disette , il vous
» a été réservé une véritable satisfaction ; c'est à votre
» laborieux et zélé conservateur que vous la devez.
» Chargé de classer, d'analyser les archives de la com-
» mune de Lalaing , M. Brassart a dressé , des actes
» nombreux qui les composent, un inventaire dont une
» copie a pris place parmi vos recueils historiques. Il a
» fait plus, étudiant la matière confiée à ses soins d'un
» point de vue plus élevé qu'une simple classification, il

» l'a fouillée, il y a pénétré l'histoire à la main, et, à
» l'aide de recherches contrôlées par une critique pru-
» dente, il a fait revivre l'illustre généalogie de ces an-
» ciens seigneurs et comtes de Lalaing, qui ont tenu
» une place si éminente parmi nos preux du moyen-âge,
» de cette noble famille dont les membres avaient la
» renommée de naître l'épée à la main. C'était là ré-
» pondre dignement à l'appel qui s'était fait entendre à
» votre dernière séance publique (1), et une grande mé-
» daille d'argent va être la récompense bien méritée et
» de cette bonne pensée et du talent avec lequel a été
» conduite son exécution. »

(1) Mémoires de la Société, 1845-46, p. 118.

1
BRANCHE AINÉE
et Branche Cadette.

2
LES LALAING,
Comtes de Hoochstrate.

3
LES LALAING,
Comtes de la Mouillerie et de Masse

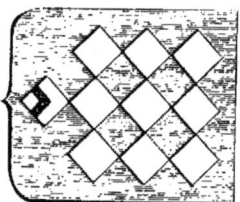

4
Les Comtes
DE LALAING D'AUDENARDE.

5
FAC-SIMILE de plusieurs Signatures des **COMTES DE LALAING.**

6
p. 43.

7
p. 44.

8
p. 51.

9
George de Lalaing
p. 73.

10
p. 75.

PREMIÈRE PARTIE.

BRANCHE AÎNÉE DES LALAING.

I.

E premier seigneur de Lalaing mentionné par Carpentier dans son histoire de Cambrai et du Cambrésis, et par M. Maloteau de Villerode, dans sa généalogie des principales maisons de France et des Pays-Bas, est **Simon**, sire de Lalaing, qui vivait en 1136. On lui a donné pour épouse Reynette de Mottenghien, fille de Charles, dit le *Mutin*, seigneur de Mottenghien et Molenghien, et de Richilde d'Azincourt. De ce mariage seraient nés GÉRARD, successeur de la seigneurie de Lalaing, et MAHAUT ou MARIE, qui aurait épousé Guillaume de Hainaut, seigneur de Château-Thierry au comté de Namur, entre Sambre-et-Meuse. Il vivait en 1170.

II.

Gérard, fils de Simon. Le nom de sa femme n'est pas connu. Il serait, d'après M. de Villerode, mort en 1200, laissant deux enfants : Nicolas, successeur de la seigneurie de Lalaing, et Simon, qui prenait la qualité de sire de Lalaing en partie, et qui s'allia à Marie de Montigny en Ostrevent, fille de Regnier, seigneur de Pecquencourt, et de Hughes de St-Aubin.

III.

Nicolas, fils de Gérard, chevalier très-renommé, l'un des bienfaiteurs de l'ancienne abbaye de Marchiennes. Sa femme était de la maison de Hordaing, et il eut pour enfants : Simon, successeur de la seigneurie de Lalaing; Gossuin, Gossart ou Colart, qui vivait en 1231 et dont on ignore l'alliance. On le voit figurer comme personnage principal dans une charte de 1231 (1). Par lettres du 26 juin 1278, il fut désigné, avec d'autres chevaliers, par Enguerrand, sire de Coucy, d'Oisy et de Montmirail, et par Guy, comte de Flandre, son cousin, pour vider en qualité d'arbitres les débats qui les divisaient au sujet des eaux et marais situés entre Arleux et Paluel (2). Aleyde, mariée à Gérard de Landas, chevalier, sire d'Heyne Beer de Flandres, et Jean, mort sans postérité.

(1) Voir pièces justificatives, n° 4.
(2) Inventaire des chartes des comtes de Flandre, par M. le baron Jules de St-Genois, n° 231.

IV.

Simon, 2ᵉ de ce nom, fils de Nicolas, est le premier qui se trouve cité dans les chartes composant les archives de Lalaing. Celle qui le concerne est du 3 avril 1247 (1). Elle contient différentes donations en faveur des pauvres et de l'église de Lalaing, et fait connaître que Jean, son frère, avait aussi disposé de différentes choses au profit desdits pauvres de Lalaing. D'après M. de Villerode, Simon aurait épousé Richtrude de Rethel, mais la charte dont il est ici question lui donne le simple nom d'*Alixandre*. Simon était du nombre des chevaliers qui assistèrent au tournois donné à Compiègne au mois de février 1238. Il eut pour enfants : Nicolas, qui succéda à la seigneurie de Lalaing, et Cymar, qui vivait en 1285 et qui épousa Magdeleine de Duras, fille d'Oger, avec laquelle il eut Robert, seigneur de Haudion, allié à Adèle d'Auberchicourt, d'où l'on fait descendre la seigneurie de Haudion.

V.

Nicolas, 2ᵉ de ce nom, fils de Simon, se maria avec Isabeau de Wetz et mourut en 1289, laissant : 1° Mathieu mort sans postérité ; 2° Otte ou Otton, successeur de la seigneurie de Lalaing ; 3° Gillette, abbesse à l'abbaye de Flines en 1324, morte en 1383. Elle fut inhumée dans l'église de cette abbaye et on lisait sur son épitaphe :

« Chy gist dame Gilles de Lalaing fut nomée saige courtoise et très

---

(1) Voir la copie de cette charte aux pièces justificatives, n° 5.

» bien noe abbesse fut XXIV ans ceans l'église gouvernant belle et devote
» fut sa fin l'an mille trois trois cens quatre vingt droict en mars dix
» septième jour (17 mars 1383). »

4° JEANNE, mariée à Pierre de Rasse et dont elle était veuve en 1317. Enfin SIMONET, à qui l'on a donné pour femme Jacqueline de Renarbaix.

Dans un manuscrit de la bibliothèque du roi, ayant pour titre : *Miracles de Saint-Louis*, on trouve cité un fait de chevalerie fort intéressant, et qui est relatif à Nicolas de Lalaing ; le voici textuellement : « Messire » Nicole de Lalaing quant le roy S. Louis print la » seconde fois la croix pour aller a la terre sainte (1270) » il eut grande voulente de y aler et pourvu qu'il estoit » jeune ayant mestier de conseil il parla a messire Gaul- » tier de . . . . chevalier pour aler avec lui » pour ce que ledit chevalier estoit vaillant et saige et » fust ledit messire Gaultier content par ainsi que pour » ses salayres, ledit Messire Nicole lui promit payer 300 » livres (1). »

Le même Nicolas de Lalaing intervint comme arbitre dans un acte de 1284, pour les forfaits commis par le fils du comte de St-Pol envers le comte de Hainaut (2).

VI.

Otte ou **Otton**, fils de Nicolas, épousa Isabelle ou Isabeau de Sarebruche ou Saarbruck. Il avait été chargé avec Me Erard d'ouvrir une enquête au sujet du droit

(1) Nous devons ce précieux document à M. Parmentier, aujourd'hui juge au tribunal civil de St-Omer, qui l'a lui-même copié dans le manuscrit.
(2) Voir pièces justificatives, n° 6.

d'*Arsin*, dont l'abbaye de Saint-Amand et la ville d'Orchies prétendaient avoir le droit de jouir (1). Otton laissa
quatre enfants, savoir : 1° JEANNE, mariée à François de
Wez, chevalier, prévôt de Lille ; 2° MAHAUT, morte en
célibat en 1337 ; 3° SIMON, fils aîné, qui succéda à la seigneurie de Lalaing ; 4° OTTON, qui se maria premiè-re-
ment avec Drienne de Mottenghien, et secondement avec
Jacquette d'Enghien. Du premier mariage il eut SIDRAC,
qui devint évêque de Noyon, et JACQUES, qui se maria à
Isabelle, dame de la Houardrie.

<h2 style="text-align:center">VII.</h2>

Simon, 3e de ce nom, fils d'Otton, qui, en 1300,
décréta la fameuse loi de Lalaing (2), épousa Mahaut
d'Aspremont, dame héritière de Quiévraing, fille de
Godefroy et d'Isabeau, dame de Quiévraing.

Dans l'église des dames de Beaumont à Valenciennes,
à côté du chœur, se trouvait placée une lame de cuivre,
sur laquelle cette noble dame était représentée avec ses
armes et les vers suivants :

> A vous prie qui par cy passez
> Pour Dieu qu'il ne vous soit passez
> De regarder seulement me lame
> En quoi voeillez priez pour lame
> Don corps qui cy est accouviers
> Dont li chars est pasture da viers
> Medame Mehault fut nommée
> Ung seigneur eust de renommée
> Simon de Lallaing fut nommez
> Chevalier en bien renommez

(1) Inventaire des chartes des comtes de Flandre, par M. le
baron Jules de Saint-Genois, n° 287.
(2) Voir aux pièces justificatives, n° 7.

Nonnain fut en cest église
Par lon-temps mors len a devise
Lan de grace mil trois cens
Sysante et treize paya le cens
A la mort perverse et amère
Noble fut de pere et de mere
De Mortaigne et de Couchy
D'Asprement de Quievraing ossy
Debonnaire fut et piteuse
En Dieu servant religieuse
Prions celi qui tousiours regne
Et quy le mesche ossy en son regne
Et quil pardonne ses pekies
Que s'ame nayt les painnes gries (1).

Ils eurent pour enfants : 1° Nicolas , qui succéda à la seigneurie de Lalaing; 2° Simon, sire de Quiévraing, de Hordaing, sénéchal d'Ostrevent, grand bailly de Hainaut en 1358 (2) , marié à Jeanne de Rœux , dame d'Ecaussines ; ceux-ci, après leur mort, furent inhumés dans ladite église des dames de Beaumont, à Valenciennes, sous un tombeau élevé placé dans une chapelle où ils étaient représentés avec ces inscriptions :

« Cy gist Simon de Lalaing chevalier jadis seigneur de Kiévrain et trepassa baillieus de Haynaut lan mil IIIc IIIIxx et VI le XIII jour de septembre. » (13 septembre 1386).

« Cy gist noble dame Jehene dEscaussines dame de Kievrain , louwez et ki trespassa lan............

De ce mariage naquirent : 1° Simon , seigneur de Quiévraing, d'Hordaing et d'Escaussines, sénéchal d'Ostrevent et grand-bailli de Haynaut en 1377, lequel s'allia à Jeanne de Ligne , fille de Guillaume , sire de

---

(1) Après avoir donné cette inscription, M. de Villerode ajoute : » Tous les nobles qui portent nom et armes de Lalaing viennent de cette dame Mehaut d'Aspremont. »

(2) Il comparut le 20 mars 1366 à l'acte de modification de la charte de Lalaing, donnée par son frère Nicolas.

Ligne. Ils reposaient tous deux en l'abbaye de Crespin, au côté droit du chœur, sous une arche en tombe relevée où était couché *un homme armé, vêtu de cotte d'armes, un trancelin de perles sur son chief, sa femme Luy* avec leurs quartiers de ces inscriptions :

« Cy gist noble homme messire Simon de Lallain jadis sire de Kievraing et de Brebier qui trespassa lan 1388, le 3e jour de juin. Priez pour son âme. »

« Cy gist noble dame Madame Jehenne de Ligne dame de Kievrain et de Brebier qui trespassa lan 1388. »

De leur alliance ils eurent *Simon* de Lalaing, seigneur de Quiévrain et d'Escaussines, qui se maria avec Jeanne de Barbençon, fille de Jean, seigneur de Jeumont, et de Jeanne Chasteler. Ces derniers eurent deux filles, l'aînée, *Jeanne* de Lalaing, dame de Quiévrain, est morte sans postérité, après avoir épousé Olivier de Bretagne, comte de Pentheure, seigneur de Landrecies, qui décéda au château d'Avesnes en 1433. Ils reposaient en la chapelle Notre-Dame de l'église canonicale d'Avesnes en Hainaut, qu'ils avaient dotée de plusieurs belles fondations. Leur tombe était élevée dessous une *arcuille* à jour; on voyait un homme et une femme couchés et des petits enfants à côté d'eux. Le tout clos par un treillage en fer avec cette épitaphe :

Cy gist tres noble prince Olivier de Bretaigne comte de Pentheure et de Perigord, vicomte de Limoges, seigneur d'Avesnes, héritier de la duché de Bretaigne etc. qui trespassa lan mil IIII XXXIII le VIII jour de septembre. (8 septembre 1433). Priez à Dieu pour son âme.

Cy gist tres noble princesse Jehenne de Lalaing héritière de Kiévrain epeuze de secondes noces a tres noble Olivier de Bretaigne duquel eut fils et filles ici reposans et trepassa lan mil IIII LXVI le Xe dapvril.(10 avril 1466). Priez pour son âme.

La cadette, *Marie* de Lalaing, dame de Quiévrain et

d'Escaussines, se maria, après la mort de sa sœur Jeanne, avec Jean de Croy, comte de Chimay, chevalier de la Toison-d'Or, grand-bailli de Hainaut, mort en 1472.

2° Marie, laquelle épousa Engelbert d'Enghien, seigneur de Ramerie, de la Folie et de Tubise. Ils furent inhumés en l'abbaye de Cambron, en Haynaut, à côté du chœur, sous une haute tombe de marbre bien poli sur laquelle étaient représentés un homme armé, vêtu de sa côte d'armes, et une femme. Les figures et les mains étaient en albâtre, et au bas on voyait de petits personnages en albâtre portant sur leurs têtes de petits écussons avec ces inscriptions :

Cy gist messire Engelbert d'Enghien jadis seigneur de Ramerie, de la Folie et de Tubise qui trespassa lan mil IIIIc VI le XII jour de décembre (12 décembre 1406). Priez pour son âme.

Cy gist dame Marie de Lallaing espeuse dudit Mons. Engelbert d'Enghien qui trespassa lan mil IIIIc et VII le XVI jour de décembre (16 décembre 1407). Priez pour son âme.

3° Mahaut, mariée à Ansiau, baron de Trazegnies et de Silly. Leurs corps reposaient à Herlemont, sous un marbre gravé représentant un homme armé de *Haubert*, portant un grand écu et vêtu de sa cotte d'armes avec une femme à côté, et ces inscriptions :

Cy gist haut et noble Ansiau sire de Trazegnies, de Silly et de Maing qui trespassa lan de grace mil IIIIc XVIII le XXVIII jour du mois.......... (1418). Priez pour s. ame.

Et cy giste haute et noble dame Mehault de Lallaing compagne et epeuze audit sire de Trazegnies, dame des lieux dessus dit qui trespassa lan mil IIIIcXI ou mois daoust (août 1411). Priez pour s. ame.

4° Jeanne, mariée à Jean, seigneur de Seuzelles.

VIII.

Nicolas, 3e de ce nom, fils de Simon, sire de Lalaing,

chevalier, grand bailly de Hainaut en 1352 (1), épousa
Marie, dame héritière de Montigny-en-Ostrevent, fille
de Guillaume, seigneur dudit lieu, et de Marie de
Haveskercke.

M. de Villerode a commis une erreur dans sa généalogie des principales maisons de France et des Pays-Bas
en disant que Nicolas mourut en 1354, car nous le
voyons désigné dans plusieurs actes des archives de
Lalaing, postérieurs en date ; notamment dans une
charte de 1367 (2), sous les nom et qualités de *noble
homme Monseigneur Nicolon, chevalier seigneur de Lalaing,* et dans une autre de 1380, qui fut l'année de sa
mort (3). C'est ce seigneur qui fit obtenir à la commune
de Lalaing, par lettres-patentes du roi Charles, en date
du mois de janvier 1367 (4), le droit de paturage dans
le marais des Six-Villes.

Nicolas eut six enfants, savoir : 1° COLART, qui
mourut sans postérité.

2° OTTE ou OTTON, qui succéda à la seigneurie de Lalaing ; 3° JEAN, seigneur de Lesdaing, qui épousa Jacqueline de Perwez ou Jeanne de Wettins, avec laquelle
il eut pour fille *Jeanne,* dame héritière de Lesdaing,
mariée à Jacques, seigneur de Buillemont, laquelle
donna naissance à Jeanne de Buillemont, dame de Lesdaing, conjointe en premières noces à Otton de Gon-

---

(1) Modifia la loi de Lalaing le 20 de mars 1336.
(2) Inventaire des archives de Lalaing, n° 9 ter.
(3)   Ibidem.   n° 89.
(4) Voir la copie de ces lettres aux pièces justificatives, n° 8.

gnies, mort sans postérité, et en secondes noces à Pierre de Lannoy, seigneur du Haut-Pont, veuf d'Agnès de Rœux, dite d'Escaussines.

4° BÉATRIX, mariée à Florent de Beaumont, châtelain de St-Omer, comte de Fauquemberghe, morte en 1376. Son corps reposait en l'église et monastère de Beaulmont-les-Dames à Valenciennes, sous un tombeau avec une épitaphe ainsi conçue :

> « Cy gist noble dame Béatrix de Lalaing, chastelcine de St-Omer,
> comtesse de Faulkemberghe et dame de Semeries, jadis espeuse a
> noble homme Mons. Florent de Beaumont, chastclain de St-Omer, comte
> de Faulkemberghe, seigneur de Beaurieu et de Semeries, laquelle tres-
> passa en lan mil CCC LXXVI IXᵉ jour en may (9 mai 1376). »

5° PERONNE, dame de Houardric, mariée à Jacques du Chastel, d'où prirent naissance les comtes d'Houardrie, vicomtes d'Haubourdin.

6° JEANNE, femme de messire Olivier, dit Oliphart, chevalier, sire de Launay.

IX.

Otte ou **Otton**, 2ᵉ de ce nom, fils de Nicolas, désigné le plus souvent dans les titres des archives de Lalaing, sous le nom de *Hoste,* seigneur de Lalaing et de Bugnicourt, chevalier, grand-bailli de Haynaut en 1398, avait épousé Yolente de Barbençon, dame de Montigny-St-Christophe, fille de Jean, sire de Barbençon et d'Yolente de Masmines, dame de Rassenghien. Il mourut en 1441, à l'âge de 103 ans, et fut inhumé, ainsi que sa femme, en l'église de Lalaing, sous une tombe élevée en marbre noir, de laquelle il reste encore quelques débris placés aujourd'hui dans le jardin du château des anciens seigneurs de Lalaing ; autour de cette tombe on lisait :

Chy gist hault et noble homs monseigneur Otte de Lalaing chevalier qui trespassa en lan de grace mille CCCC et quarante et un ou mois de janvier le treizième jour (13 janvier 1441). Priez a Dieu pour son âme. Requies cat in pace.

Chy gist hault et noble dame, Dame Yolens de Barbenchon, dame de Lalaing son compeigne et epeuse qui trespassa en lan de grace mille IIII cens et XXXIX, IX jour ou mois de janvier (9 janv. 1454). Priez a Dieu pour son âme. Requies cat in pace.

Vesquit le dit Otte, seigneur, cent et trois ans.

Otte de Lallaing, par lettres du 1er mai 1408, autorisait le briseur de grés, en sa carrière à Bugnicourt, à fournir et livrer sous la réserve du quart à son profit, aux six hommes ordonnés pour le gouvernement des ouvrages et mises de la ville de Douai, plusieurs parties d'étoffes de pierre, pour convertir en ouvrages de maçhonnerie au beffroi de cette ville (1).

Le 13 mars 1415, il fit quelques modifications à la loi de Lalaing, et par lettres testamentaires du 30 janvier 1416 (2), il fonda un obit perpétuel en l'église de sa seigneurie, et donna aux pauvres six rasières de terre. Sa famille se composait de 5 enfants : 1° GUILLAUME, qui succéda à la seigneurie de Lalaing.

2° SANCHE ou SAMSON, seigneur d'Opprobais, grand-bailli du Cambrésis en 1439, et Prévost-le-Comte à Valenciennes en 1443, qui ne laissa qu'une fille de sa femme Catherine de Robersart, dame d'Ecaillon et de Bruille.

(1) Voir ces lettres dans la Notice historique sur l'Hôtel-de-Ville et le Beffroi de Douai, par M. Pilate, insérée dans les Mémoires de la Société d'agriculture, 1835-1836, p. 305.

(2) La copie de ce testament est aux pièces justificatives, n° 9.

D'après l'*Annuaire de la noblesse de Belgique*, publié à Bruxelles en 1851, *Sanche* ou *Samson*, ainsi nommé dans tous les ouvrages que nous avons eu l'occasion de consulter, ne serait pas le véritable nom de ce seigneur de Lalaing, qui s'appellerait *Jean*, 3e fils d'Otton, auquel on donnerait le titre de seigneur de Montigny; ces deux faits sont, selon nous, très contestables, attendu, d'une part, qu'Otton de Lalaing n'a pas eu de fils du nom de Jean, et que, d'autre part, la dignité de seigneur de Montigny appartenait à Simon de Lalaing, autre fils d'Otton, ainsi qu'on le verra ci-après. Cependant nous croyons devoir placer ici cette généalogie des seigneurs de Montigny telle qu'elle est donnée dans l'annuaire précité.

SEIGNEURS DE MONTIGNY. — I. Jean de Lallaing, 3e fils d'Othon de Lalaing, grand bailli du Hainaut, et d'Yolande de Barbançon, fut grand bailli du Cambrésis en 1439. Il épousa Catherine de Robersart, dame de la Bruille, dont il eut: 1° Jean, qui suit: 2° Catherine, femme de Philippe de Bourbon, seigneur de Dieusaut

II. Jean de Lalaing, seigneur d'Oprebais et de la Bruille, gentilhomme de la chambre de Louis XI, roi de France, contracta mariage en 1496, avec Marguerite de Lens. De leur mariage est né Philippe, qui continua la descendance.

III. Philippe de Lalaing, chevalier, seigneur d'Inor en partie, épousa, par contrat du 17 août 1530, Jeanne de Malmédy, fille de Guillaume, seigneur de Belle-Fontaine et de Willaume-sur-Meuse, et de Jeanne de Laveau. Ils eurent pour enfants: 1° Guillaume, qui suit; 2° Catherine, femme de Jean de Pouilly.

IV. Guillaume de Lalaing, chevalier, seigneur d'Inor en partie, épousa, par contrat du 10 octobre 1567, Adrienne de Tours, de Thonneledit, fille de Gérard, seigneur de Thonneledit et d'Inor en partie, et d'Agnès de Pouilly

V. Philippe de Lalaing, chevalier, leur fils, seigneur d'Inor en partie, allié, par contrat du 16 juillet 1601, à Gabrielle de Pouilly, veuve de Daniel de Blanche-Fontaine, fut père, entre autres enfants, de Simon, qui suit.

VI. Simon de Lalaing , chevalier , seigneur et baron de Montigny, seigneur d'Inor en partie, épousa,par contrat du 3 octobre 1631, Lucie Maillette , fille de Jean , dont :

VII. François de Lalaing, chevalier, baron de Montigny, capitaine d'une compagnie de cavalerie au régiment du Roi, au service de S. M. très-chrétienne ; il épousa , par acte du 10 juin 1678 , Barbe-Françoise Olry, veuve de Jean-Pierre de Beaufort , seigneur de la Molinière et d'Ausson, et mourut le 27 août 1693 ; sa femme décéda à Paris , 24 janvier 1730. Leur fils Pierre-Alexandre continua la descendance. Par ordonnance rendue le 30 mars 1696, par les commissaires-généraux du conseil, députés sur le fait des armoiries , les armes de François de Lalaing furent enregistrées dans l'armorial de France.

VIII. Pierre-Alexandre de Lalaing,baron de Montigny, né le 16 août 1690 , d'abord page à la cour de France, entra plus tard en qualité de cornette au régiment du Roi. Il épousa le 19 juin 1717, à Paris, Charlotte-Françoise le Tanneur , née le 14 janvier 1691 , fille de Louis , avocat au Parlement de Paris , et d'Elisabeth-Jacquelin Gacon, et fut père d'Alexandre-François, qui suit.

IX. Alexandre-François de Lalaing , baron de Montigny , né à Paris le 18 novembre 1725, d'abord lieutenant au régiment de Royal-Barrois, au service de France, puis au régiment de Colloredo, au service impérial et royal , épousa le 19 janvier 1754 Marie-Thérèse-Sophie du Plessis Goure , née le 8 mai 1728, fille de Charles-Isaac , seigneur du Barrois , chambellan du roi de Prusse , lieutenant-colonel du régiment de Lindbesheim , au service impérial, et de Charlotte, baronne de Ripperda. Il mourut à Berlin, le 30 septembre 1757, laissant deux fils : 1° Alexandre-Henri-Louis, né le 9 octobre 1754, licencié en droit , avocat au Conseil souverain du Brabant ; 2° Charles-Dieudonné , qui suit.

X. Charles-Dieudonné de Lalaing , baron de Montigny , né le 9 juillet 1756 , mort le 8 mai 1791 , licencié en droit , avocat au Conseil souverain du Brabant, épousa, par contrat du 11 août 1784, Marie-Ernestine d'Alcantara, née le 9 mai 1761,morte le 12 août 1798, fille de Ferdinand-René-Joseph et de Marie-Françoise-Joseph du Bois de Fienne. De leur mariage sont nés : 1° Joséphine-Périne, née le 18 novembre 1785, mariée le 22 novembre 1822, à son cousin-germain Emmanuel-Ferdinand-Réné d'Alcantara, fils de Charles-Emmanuel-Basile d'Alcantara ; 2° Alexandre-Charles , né le 14 août 1787 , grenadier vélite de la garde impériale française, mort à Strasbourg, le 19 juin 1809.

3° SIMON, seigneur de Montigny et de Santes, qui fut l'émule du bon chevalier Jacques, son neveu. Simon se maria à Jeanne de Gavre, dame d'Escornaix, fille d'Arnould, baron d'Escornaix, et de Marie d'Aumont, dame de Bracle. Il eut pour enfants : JOSSE, qui, ainsi qu'on le verra tout-à-l'heure, acquit de son cousin Jean la seigneurie de Lalaing ; ARNOULD, prévôt des églises de Liége, Harlebecque et Notre-Dame de Bruges, lequel comparut comme homme de fief dans les actes de 1481 relatifs à la vente de la seigneurie de Lalaing ; SIMON, tué devant Paris en 1465, et dont le corps fut inhumé à St-Innocent ; PHILIPPE et FRANÇOIS, morts au voyage de Turquie ; JEAN, tué à la bataille de Granson (1) que perdit le duc Charles de Bourgogne contre les Suisses, au mois d'avril 1467 ; PHILIPPOTTE, mariée à Jean de Lannoy, seigneur de Maingoval, et JEANNE, mariée à Adrien de Bailleul, seigneur de Plantin.

Carpentier rapporte que Simon de Lallaing, seigneur de Montigny et de Santes, perdit la vie en 1476, après l'avoir exposée mille fois aux plus furieux chocs des ennemis des ducs de Bourgogne (2).

Dans les mémoires de Petitot, nous trouvons qu'il accompagna, en Écosse, le célèbre Jacques, son neveu, surnommé le bon chevalier, où il soutint avec lui une entreprise d'armes ; qu'il fut envoyé à Audenarde pour s'assurer de la fidélité de ses habitants ; qu'il fit une sor-

(1) Petitot. 1re série. T. 10, p. 395.

(2) Moreri, p. 20 de la lettre L, dit que Simon fut tué dans une bataille en 1487 ; c'est une erreur, l'épitaphe ci-après ne laisse aucun doute sur la date de sa mort.

tie contre les Gantois rebelles, et qu'après en avoir tué plusieurs, il se retira en bon ordre et sans perte ; qu'il fortifia la ville de Gand et qu'il fit apporter sur les murs des pierres et des cailloux par sa femme, ses parents et des dames ; qu'il vola au secours du seigneur Maldegam surpris dans une embuscade ; qu'il perdit un étendard à Lécluse en voulant défendre le passage de la duchesse de Bourgogne ; qu'enfin on le vit, à la tête de 50 chevaux, aller au-devant des Gantois qu'il fit escarmoucher ; c'est là que Simon fut nommé lieutenant-général du bâtard de Bourgogne, pour aller combattre les Sarrazins.

M. de Villerode fait connaître, à son tour, que Simon n'ayant eu dans les biens de la famille qu'une part fort inférieure à celle de Guillaume, son frère aîné, prit à cœur de chercher fortune ailleurs ; que dès lors il suivit le duc de Bourgogne en la guerre contre les Turcs, où, en récompense de sa valeur, il obtint le titre de chevalier ; qu'étant de retour il servit dans la guerre des Anglais et du duc Philippe de Bourgogne contre la France, sous le comte de Ligny ; le duc l'estimait beaucoup, et pour marque de son affection il l'autorisa à porter pour brisure de ses armes le lion de Luxembourg. Simon parvint à de grands honneurs ; il fut créé chevalier de l'ordre de la Toison-d'Or peu de temps après son institution (1) ; ensuite conseiller et chambellan de Charles et

(1) L'ordre de la Toison-d'Or fut institué par Philippe, duc de Bourgogne, à Bruges, le 10 janvier 1429, et les règles, constitutions et ordonnances de cet ordre furent décrétées et scellées en la première assemblée du très illustre collége, qui eut lieu à

de Philippe, ducs de Bourgogne ; prévôt-le-comte à Valenciennes ; gouverneur de Beaumont, bailli d'Amiens,
grand-veneur et commissaire aux renouvellements des
lois en Flandre, capitaine du franc et de la ville et château de Lécluse, assiégé en 1435, et de la ville d'Audenarde, assiégée à son tour en 1452, qu'il défendit vaillamment et qu'il conserva à son prince. Le 1er mai 1473,
il était au nombre des seigneurs qui assistèrent avec le
duc Charles de Bourgogne à la fête qui fut célébrée à
Valenciennes pour l'ordre de la Toison-d'Or, et l'histoire
nous rapporte que l'entrée du duc dans cette ville fut si
somptueuse qu'elle mit tous ses habitants dans l'admi-
ration.

Simon fut inhumé à Deynze, près de Gand (1), dans
une abbaye qu'il avait fondée ; sur sa tombe on lisait :

« Cy gist Simon de Lalaing, chevalier, seigneur de Montigny et de
» Santes, fondateur de cette église, et Jeanne d'Escornaix, dame de Bra-
» cle et Salardinghe, sa femme ; il fut de l'ordre de la Toison-d'Or, con-

Lille le 27 novembre 1431, et dans la description des Pays-Bas,
par Guicciardin, page 82, nous voyons cette mention : « Le duc
» tint de rechef le chapitre de l'ordre à Lille, l'an 1431, et au
» lieu des morts il en créa deux, à savoir : Frédéric, comte de
» Meurs, et *Simon de Lalaing*, seigneur de Santes. » Simon est
donc le premier des Lalaing qui ait obtenu cette marque dis-
tinctive.

(1) Chef-lieu de canton de la province de la Flandre-Orien-
tale, situé sur la Lys, à 4 lieues S.-O. de Gand ; cette ville, qui
existe depuis onze siècles environ, a eu à soutenir, à différentes
reprises, des sièges, dont les suites ont été des plus désastreu-
ses pour elle et pour ses habitants, car plus d'une fois elle a été
presque totalement mise en cendres par l'ennemi. Elle est tra-
versée par le chemin de fer, le canal de la Lys et la chaussée
de Gand à Courtray. (Archives hist. du Nord, nouvelle série,
t. 4, p. 583).

» seiller et chambellan de très haut et puissant prince Philippe, et
» Charles, ducs de Bourgogne, Prevost-le-Comte, gouverneur de Beau-
» mont, de Fumay, de Revin, bailly d'Amiens, amiral, grand veneur et
» commis à créer les lois de Flandres, capitaine du francq et des deux
» chasteaux et ville de Lescluze, où il fut assiégé l'an trente-cinq (1435)
» depuis capitaine aussi assiégé de la ville d'Audenarde, l'an cinquante.
» deux (1437) et fut cause de la salvation desdicts deux villes ; fut en
» huict batailles par terre et par mer et plusieurs grosses rencontres, fit
» armes à pied en liches closes, eut grand charge des gens d'armes et
» d'ambassades, par ordonnance desdicts princes, porta la bannière a
» l'entrée de son prince le duc Philippe a Paris l'an soixante un (1461),
» fut grand jousteur et tournoyeur, et par vœu descendit a puissance et
» boutta les feux en Angleterre, chanta aussi le St-Evangile le jour de
» Noel devant le pape Eugene au conseil de Ferrare, l'an trente-sept
» (1437), et fit l'office quil eut faict l'empereur de Rome qui fut lors s'il
» y eut esté en personne, et enfin despuis fut des chevaliers premiers
» instituez au Parlement de Malines. Il trespassa sans reproch e lan 1476
» le 15 de mars et ladite dame sa compeigne le 29 de mai 1478. »

4° et 5°. MARGUERITE et JACQUELINE, décédées chanoinesses de l'église Ste-Vaudru, à Mons, où elles furent
enterrées sous un tombeau qui portait cette inscription :

« Chy gisent deux nobles damoiselles et sœurs germaines, a sçavoir :
» Melle Marguerite et Melle Jacqueline de Lalaing, filles de noble chevalier
» messire Otte de Lalainh, et de dame Yolente de Barbençon, et trespassa
» Melle Marguerite en lan mil IIIIC XLIIIJ (1444) et Melle Jacqueline mil
» IIIIC XLVI (1446), et furent toutes deux chanoinesses de l'église Mada-
» me Sainte-Vaudru à Mons, et gisent ensemble au milieu de la dite
» église devant l'huys du chœur. Requies cant in pace. »

X.

Guillaume, fils d'Otton, seigneur de Lallaing, de
Bugnicourt, de Fressin, d'Hordaing, sénéchal d'Ostrevent, grand-bailli de Hainaut en 1428, gouverneur de
Hollande et de Zélande, chevalier d'honneur de la duchesse de Bourgogne, s'allia à Jeanne de Créquy, dame
de Bugnicourt, veuve de Robert, sire de Wavrin, sénéchal de Flandre, et fille de Jean IV, sire de Créqui, de
Canaple, de Fressin, et de Jeanne de Roye.

M. de Barante et après lui M. Duthillœul (1), ont fait mourir Guillaume de Lalaing en janvier 1426 , à la bataille de Brahers-Hauven; c'est une véritable erreur ; car, nous n'avons rien trouvé qui fût de nature à nous faire penser que Guillaume ait été homme de guerre. Il se trouva seulement à la prise et au sac de Liége en 1468; ensuite, il est certain qu'il ne décéda pas en 1426, mais bien en 1475.

M. de Villerode, dans sa généalogie des nobles maisons du Pays-Bas, donne à Guillaume le titre de chevalier de la Toison-d'Or; c'est encore, selon nous, une erreur, attendu que dans aucun ouvrage nous n'avons vu de mention pareille, et que Guillaume lui-même , dans ses propres actes, ne se dit pas *chevalier de la Toison-d'Or,* mais simplement *chevalier* (2). La femme de Guillaume mourut en 1495. Tous deux furent reçus en l'église de Lalaing et placés entre la chapelle Notre-Dame et le chœur, sous un tombeau élevé, couvert d'un marbre noir, sur lequel étaient couchées deux statues de pierre grise, avec ces inscriptions :

Chy gist hault et noble home monseigneur Guillaume, seigneur de Lalaing chevalier quy trespassa en lan de grace M CCCC LXX V ou mois daoust le XXVII jour. (27 août 1473). Priez a Dieu pour son âme. Requies cat in pace.

Chy gist hault 'et noble dame Jehene de Crequy dame de Lalaing sa compeigne et epeuse qui trespassa en lan de grace MC CCC et IIIIxx XV au mois d'octobre le XXI jour (21 octobre 1493).Priez a Dieu pour son âme. Requies cat in pace.

(1) Petites histoires des pays de Flandre et d'Artois, p. 297, et Galerie des hommes remarquables de la ville de Douai, p. 188.

(2) Voir du reste Guicciardin, p. 83 et suivantes, où on aura la preuve que Guillaume n'est nullement indiqué parmi ceux qui reçurent successivement le cordon.

Le testament de Guillaume, du 4 septembre 1473 (1), fait mention de la fondation de quatre obits en ladite église de Lalaing : le premier en mémoire de sa femme et de lui, les trois autres pour pareil nombre d'enfants décédés et dénommés dans son dit testament.

Les enfants nés de leur union furent :

1° Le célèbre JACQUES, décoré de l'ordre de la Toison-d'Or à Mons en Hainaut, en 1451 (2), et qui, avant qu'il eut 30 ans, avait, dit Olivier de la Marche, combattu 30 hommes. Nous croyons inutile de retracer l'histoire du bon chevalier Jacques, laquelle a été si bien décrite par Georges Chastelain, auteur contemporain ; ses glorieux faits d'armes sont trop connus, et d'après Carpentier ils *mériteraient des volumes* ; nous nous contenterons de donner, en abrégé, ce qu'a dit Maurice dans son ouvrage sur les armoiries des chevaliers de la Toison-d'Or, passage où il peint si bien le portrait de cet illustre cheva-lier : « En la fleur de sa jeunesse il joignait à la naissance
» tant de vertus héroïques et bonnes parties, qu'avec
» raison il a été nommé par un chacun le bon chevalier
» ou bien le chevalier sans reproche ; il était humble,
» sage, courtois, valeureux, parfaict et bien dressé et
» un des premiers jousteurs et tournoyeurs de son siè-
» cle ; en son temps ne se présenta aucun faict d'armes
» d'importance où il se trouva entre les premiers ; Oli-
» vier de la Marche, autheur contemporain, dict de luy
» *quil a assez a faire et besoigner pour declarer et pour*

(1) Voir la copie de ce testament aux pièces justificatives, n° 10.
(2) Description des Pays-Bas, par Guicciardin, p. 83, et Oli-vier de la Marche, p. 53.

3

» *describre l'exercice chevalereux de sa vie*, et en autre
» lieu quil persevera sy largement en accroissement de
» Los et de bruict, que de son temps il n'a point esté
» plus grand exercice de chevalier que lui en toutes
» vertueuses œuvres ; le bon duc l'arma en 1445 cheva-
» lier de ses propres mains en la ville de Gand ; depuis
» en l'an 1452 il accompagna son prince en qualité des
» hommes d'armes en la guerre contre les Gantois où en
» une rencontre se porta si vaillamment quil fit deloger
» les troupes des ennemis et mist a couvert l'armée du
» duc qui sans luy estoit en danger d'estre mis en de -
» route. Le prince pour dignement recognoistre cette
» action héroique le fit asseoir à sa table, lui donnant le
» costé dextre. Depuis ce seigneur continuant le service
» du duc contre lesdits Gantois, fut tué devant le chas-
» teau de Pouckes, frappé d'un canon nommé vulgaire-
» ment *Veugelaere*, le 27 juin 1453, à l'âge de 32 ans.
» Maurice ajoute que le prince en *estoit si mary quil*
» *pleura la mort de ce seigneur*. »

Le corps de Jacques fut emporté dans une église, en-
seveli et mis ensuite sur un chariot le mieux et le plus
honorablement qu'il fut possible de faire ; un cortège ,
composé des nobles de sa compagnie, l'accompagna cornette déployée, comme si Jacques les eut conduits et me-
nés au champ de bataille , jusqu'à Lalaing où le corps
fut reçu par Guillaume et Jeanne de Créqui, ses auteurs,
qui le firent inhumer en l'église de Ste-Aldegonde à Lalaing , sous un tombeau (1) placé dans l'épaisseur du

(1) Les débris de ce tombeau se voient aujourd'hui dans la

mur de la chapelle de Notre-Dame. Ce tombeau représentait la statue couchée d'un chevalier armé ayant à ses
pieds un canon court, avec l'inscription suivante :

« Cy gist le bon chevalier messire Jacques de Lalaing aisné fils de
» hault et noble monseigneur Guillaume , seigneur de Lalaing qui tres-
» passa au siége devant Pouckes le III jour du mois de juillet lan mille
» CCCC et LIII (5 juillet 1453). Priez pour son ame. Requiescant in
» pace. Amen. »

Contre la muraille de l'église était adapté un tableau
sur lequel on avait reproduit les vers de Georges Chastelain, qui rappellent les hautes qualités du bon Jacques
(1). Sa lance qui était, dit François Vinchant (2) , *d'une
grosseur admirable*, se voyait dans le château de Lalaing, où elle était conservée comme un souvenir de la
valeur de ce chevalier.

2° Philippe , tué à la bataille de Mont-le-Herry ou
Montlhéry, en 1466 , et dont les cendres furent reçues
dans le chœur de l'église dudit lieu. D'après M. de
Villerode, ce seigneur aurait eu un enfant naturel nommé *Rodrigues*, bâtard de Lalaing, capitaine des archers
de monseigneur l'archiduc de Castille.

3° Antoine, que Carpentier et M. de Villerode disent

salle des antiques au Musée de Douai , et M. Dubois-Druelle en
a fait la description dans son ouvrage intitulé : *Douai pittoresque.*

(1) Voir cette pièce de vers dans la chronique de George Chastelain et dans l'ouvrage déjà cité , de M. Dubois-Druelle. Voir de
plus les nombreux faits d'armes du seigneur Jacques, dans Olivier de la Marche , collection des Mémoires de Petitot , 1re série ,
t. 9 et 10 , et dans la Biographie universelle de Michaud , t. 23 ,
p. 212.

(2) Annales de la province et comté de Hainaut, p. 308.

avoir été massacré par les Suisses, sous les étendards de Charles-le-Hardy, en 1479. Nous ne savons où ce document a été puisé, mais il est permis de douter de son exactitude, attendu que déjà, en 1469, Antoine était décédé ; son père, Guillaume, dans son testament de 1473, le désigne comme *gisant* en la chapelle de Notre-Dame de Sainghien, église de Lalaing. Dans le mur de cette chapelle on voyait une grande pierre bleue (1) représentant un chevalier, avec une inscription ainsi conçue :

« Chy messire Anthoine de Lalaing seigneur de Begnicourt, chevalier » et conseiller et chambellan des ducs de Bourgogne, frère aisne du » bon chev. messire Jacques quy trespassa lan M CCCC LXIX le 8ᵉ jour » du mois de janvier (8 janvier 1469). Priez Dieu pour son âme. Re- » quiescant in pace. Amen. »

M. de Villerode donne aussi au seigneur Antoine des enfants naturels, au nombre de trois ; il serait notamment le père de *Meleador*, bâtard de Lalaing, qui fut bailli de Douai de 1489 à 1499 (2) et dont le corps reposait dans l'église des Récollets-Wallons ou des Cordeliers sous un marbre plat sur lequel on avait gravé l'écusson des Lalaing, avec une barre et cette inscription :

« Chy gist Meleador bastard de Lalaing, en son temps bailly de Douai, » lequel trespassa le 15 août 1499, priez Dieu pour son âme. »

4° JEAN, qui succéda à la seigneurie de Lalaing.

5° YOLENTE, mariée à Renaut, sire de Bréderode, chevalier de l'ordre de la Toison-d'Or.

6° ISABELLE, mariée à Pierre de Hennin, seigneur de Boussu, chevalier du même ordre.

(1) Laquelle est encore intacte et se trouve dans le jardin dépendant du château de M. le comte de Montozon, à Lalaing.

(2) *Souvenirs à l'usage des habitants de Douai*, p. 788.

XI.

Jean, seul enfant mâle survivant de Guillaume, était licencié en décret, prévôt de Liége et de Saint-Amé en Douai.

M. de Villerode nous apprend que plusieurs fois après la mort de Jacques, son frère aîné, on le sollicita à résigner ses bénéfices et à se marier avec une fille de sa condition, ce qu'on ne put obtenir parce qu'il avait une amourette avec la fille du meunier de Lalaing, nommée Catherine Wiette, de laquelle il aurait eu six enfants ; que ses terres étant chargées de grosses dettes, il avait pris le parti de vendre sa seigneurie de Lalaing à Messire Josse de Lalaing, son cousin germain, fils du célèbre Simon, dont nous venons de parler ; qu'enfin il avait cédé ses bénéfices, et que se voyant alors fort riche en argent comptant, il s'était décidé à épouser, en 1490, à l'âge de 75 ans, ladite Catherine Wiette, dans le but de légitimer ses enfants et de les voir habiles à lui succéder. La vente de la seigneurie de Lalaing se réalisa le 24 septembre 1481 (1) pardevant les hommes de fief, du pays et comté de Hainaut, entre ledit Jean et Josse son cousin, à la condition que ce dernier prendrait à sa charge la somme de 2,438 livres 18 s. tournois de vingt gros monnaie de Flandre de pensions viagères au rachat du denier-dix que le vendeur devait à un grand nombre d'individus, plus une somme de 7,000 livres argent comptant. Dans l'acte il est en outre stipulé que Jean

(1) Cet acte se trouve dans les archives du receveur du prince d'Aremberg.

conservera, sa vie durant, la jouissance de sa seigneurie et des dignités qui en dépendaient.

Jean, qualifié dans un acte du 5 juin 1486 (1) *de hault et noble et très honoré seigneur de Lalaing , de Bugnicourt , de Fressaing , de Villers-au-Tertre, de Monchicourt, d'Hordain, seneschal d'Ostrevent,* etc., mourut le 17 décembre 1498. Son corps fut reçu dans l'église des Récollets-Wallons ou des Cordeliers à Douai (2) , et on plaça sur sa tombe un marbre plat sur lequel les armes des seigneurs de Lalaing étaient gravées, ainsi que cette inscription :

« Chy gist hault et noble seigneur Monseigneur Jehan baron de La-
» laing, seigneur de Bugnicourt, Fressaing, Monchicourt, Hourdain et de
» Brebières, sénéchal d'Ostrevent , qui trespassa en lan de grace 1498 ,
» le 17 décembre, priez Dieu pour son âme. »

Jean a eu plusieurs enfants qui sont :

1° PONTHUS , écuyer, seigneur de Bugnicourt et de Villers, qui mourut sans postérité de son mariage avec Catherine de Wassenaeer. Ils avaient, en 1449, fait une donation aux frères prêcheurs de Douai. Ponthus de Lalaing , en sa qualité de fils aîné et d'héritier de son père Jean, eut à soutenir des contestations avec son cousin Charles, relativement aux pleines armes de la famille des Lalaing, que chacun d'eux prétendait lui appartenir

(1) Inventaire des archives de Lalaing , n° 98.

(2) Ce monastère fut établi en faveur des Cordeliers , vers le milieu du XIII° siècle , par la générosité des gentilhommes et des principaux habitants du pays qui voulaient être inhumés en cet endroit. On y abordait du côté sud par la rue de Valenciennes , vis-à-vis celle de la Cuve-d'Or, et du côté du nord par la rue du Canteleux.

exclusivement ; le 8 mars 1504, intervint à ce sujet
une convention de laquelle nous avons extrait ce qui
suit : « *Nous Charles* comme seigneur et baron de Lalain et filz aisné et héritier de messire Josse ayons volu
tousjours dire, soubstenir et maintenir que a nous et a
nulz aultres estoit loisible et appertenoit à prendre et
porter les plaines armes dudit Lalaing et au contraire
Nous Ponthus ayons tousjours aussi dit et soustenu que
a nous et a nulz aultres, comme filz aisné et héritier
dudit deffunt monseigneur Jehan, en son vivant chief
des armes de Lalaing appartenoit et estoit loisible et non
audit messire Charles ou aultres porter lesdites plaines
armes de Lalaing. Dont a ceste occasion se fussent ou
eussent peu enssuyr pluiseurs discordz et haynnes entre
nous et nos héritiers que ne désirons mais estre et
demourer bons parens et amis, *Savoir, Faisons* que
pour paix, amour concorde et union nourir et entretenir comme il y avoit bien raison entre nous et noz
héritiers et obvyser auxdits incidens haynnes et discordz,
Nous avons advisé, conclu, consenti et accordé et de fait
voullons, consentons et accordons que nous et chacun de
nous ensamble nos héritiers puissions et puissent porter
les plaines armes de Lalaing tout ainsy et par telle forme
et manière que ledit deffunt monseigneur Jehan, en son
vivant baron dudit Lalaing et ses prédécesseurs chiefs
desdites armes les portoient. »

2° Arthus, seigneur de Hordaing, de Bugnicourt, de
Villers, de Fressin, d'Auberchicourt et de Brebières,
sénéchal d'Ostrevent, aussi bailli de Douai, après la mort
de Melcador, bàtard de Lalaing, c'est-à-dire de 1499 à

1501 (1). Il décéda le 1er avril 1521 , et fut inhumé
avec sa femme Jeanne de Habarcq , dame de Noyelle-
Wion, en l'église de Brebières , à droite de la chapelle
de Ste-Anne devant l'autel. Un monument avait été
érigé sur leur tombe où étaient entaillés à demi bosse
des armes avec cette épitaphe :

« Chy gist noble seigneur messire Arthus de Lalaing , chevalier sei-
» gneur de Hordain , Brebières , d'Auberchicourt , de Noyelle le Wyon
» et du Preschendial, sénéchal d'Ostrevent , second fils de haut et no-
» ble seigneur Monseigneur Jean, baron de Lalaing, seigneur de Bugni-
» court, etc-, qui trespassa l'an 1521 le 1er avril.

» Et noble dame Jehanne de Habarcq , sou sa femme , qui trépassa
» l'an....... » (2).

De son mariage il y eut , premièrement : PONCE ou
PONTHUS, créé chevalier de l'ordre de la Toison-d'Or ,
à Utrecht, en 1546 (3), chef et capitaine de 200 hommes
à cheval de nouvelle ordonnance, gouverneur du comté
d'Artois, depuis gouverneur et capitaine-général de l'armée impériale avec laquelle il mit le siége devant la ville
de Thérouanne, qu'il prit d'assaut l'an 1553 (4). Il avait
épousé dame Eléonore de Montmorency (5), fille de Jo-

(1) Aux archives des Hospices de Douai , inventaire n° 8 , il
existe un acte du 7 juin 1500 , qui contient arrentement pour
99 ans , par les échevins de la ville de Douai , représentés par
*Andrieu de Venduille , procureur-général de lad. ville , à noble
homme Arthus de Lallaing, escuier seigneur de Hordaing, de la
viese porte desquerchin* , moyennant une redevance annuelle de
quatre sols douisiens et quatre cappons.

(2) Ce tombeau a été détruit au temps de la tourmente révolutionnaire.

(3) Guicciardin , p. 85.

(4) Maurice, p. 226.

(5) Après la mort de Ponthus, elle épousa Antoine de Lalaing,
seigneur de Hoochstrate.

seph , baron de Nevele, et de dame d'Egmond ; cette dernière était fille de Floris , comte de Bueren et de Leerdam, aussi chevalier de la Toison-d'Or , capitaine-général de l'Empereur au Pays-Bas, et de dame Marguerite de Berghes. Leur enfant unique , qui était une fille, ne vécut que très peu de temps.

Ponthus de Lalaing et sa femme furent inhumés en l'église de Villers-au-Tertre , au milieu du chœur , sous une tombe relevée sur laquelle on voyait un chevalier armé et une demoiselle à son côté, avec cette inscription :

TEXTE.	TRADUCTION.
Domino illustri atque inclito heroi Ponto de Lalain , domino Bugnieurly , etc. Artesiæ que gubernatori, vixit annis 48, dies 24 obiit idibus octobris 1557.	A Ponthus de Lalaing , seigneur illustre , héros renommé , seigneur de Bugnicourt , etc. , gouverneur de l'Artois. Il vécut 48 ans et 24 jours. Il mourut aux ides d'octobre 1557.
Maria Lallana vixit annis... mensibus sex et obiit 4 julii 1557.	Marie de Lallain vécut...., six mois et mourut le 4 juillet 1557.
Predilecta dulcissima domina Eleonora montmorencicaa conjugi dilectissimo pietatis ergò posuit. (Sic).	Très noble et très excellente dame Eléonore de Montmorency a élevé à son époux bien-aimé ce monument de piété.

Les faits d'armes de Ponthus de Lalaing ont été rappelés dans ces vers :

> Ami chrestien de vertu zelateur
> Arreste toy sy tu es amateur
> Icy voyeras la proesse et la gloire
> Dung chevalier d'éternelle mémoire
> Ce fut Ponthus surnommé de Lalaing
> Lequel suivit de ses anchiens le train
> Charles le Quint voire de sa jeunesse
> En Gueldres en Frise et au milieu de Grece
> Tres bien servit avapturant son corps
> Soubz le marteau des bataillans efforts
> Sy qu'esle vaut par tout moyen honneste
> Ung grand honneur sur le haut de sa teste

Fut a Utrech annebly du thoison
Et général du camp en la saison
Que vaillamment Terrouanne fust prise
Et que du tout a ruyne fut mise
Sachant fort bien sur le flanc dun rampart
Bracquer canons et juger quelle part
Lon le debvoit assaillir et le battre
Pour briefvement les murailles abattre
Placer un camp , l'avancher le tarder
Prendre une ville ou tres bien la garder
Tesmoing sera de la très belle journée
De Saint-Laurent la victoire gaignée
Ou hasardeux vivement s'advança
Et soub la poudre a ses pieds renversa
Maints chevaliers leurs passant son espee
Oultre le corps jusquez aux gardes trempee
Ou Longheville et ce grand duc aussy
Et connestable Anne de Montmoren y
Fut prisonnier de fortune diverse
Et cette fois resentant le traverse
Tesmoing le Ranc qui tient a Praveling
Lors que la France at este orpheling
De la pluspart de ses chiefs et soldats
En routte mis par l'effort des combats
Bref pour apres le combler plus d'honneur
Fust establi grand gouverneur
Ou il mourut laissant de loyauté
Ung vray exemple a la postérité
Pry dont chrestien que son ame et ses os
Puissent dormir au bien heureux repos.

ABRÉGÉ.

Ny la morte ny le temps ne tromperont au lethe
De Ponthus de Lalaing preux héros fort athlete
Le renom quy reluit en lordre des colliers
De la riche toison et en mille lauriers
Acquis a Charles le Quint et a son fils unicq
En Allemagne , en Franche et en la vaghe Affrique
Mais la belge lui doibt surtout les honneurs
Deüs aux grands chevaliers chef de camp gouverneurs
Therouanne , Saint-Paul , Saint-Quentin , Gravelines
Tesmoignans sa vertu et sa cour célestinne.

Secondement : ANNE , qui se maria avec Nicolas de

Lannoy, seigneur de Maingoval ; Troisièmement : Bonne, qui devint l'épouse d'Adam d'Esne, seigneur de Béthencourt, laquelle fut inhumée en l'église cathédrale de Notre-Dame de Tournay ; aux carreaux vis-à-vis l'entrée du chœur sur les clôtures de la chapelle et du revestoire, on lisait cette inscription :

Texte.	Traduction.
Illmo. ac rmo. nobilis et antiquæ suæ gentis ultimo Bugnieurly etc. Toparchæ ; militiæ ecclesiæ, seculari relicta, adscripto, in episcopum Tornacensem 7° idibus déc. 1597 consecrato ; sollicitudine pastorali in ecclesias et egenos munificentia nulli secundo. solemnitatis sti michaelis fundatori. Kal. octob. 1613. atat. 74 de functo bonis ecclelicis ecclesiæ relictis hæc duo sacella ejus asse supremæ voluntatis executores in honorem. J. Johannis baptistæ et s. caroli Boromei erigi curarunt. »	A l'illustrissime et révérendissime comte de Béthencourt, le dernier de sa noble et antique famille, engagé dans la milice ecclésiastique, après avoir quitté la milice du siècle, et sacré évêque de Tournay le 7 des Ides de décembre 1597 ; à nul autre pareil pour sa sollicitude pastorale envers les églises et sa munificence envers les pauvres ; il fut le fondateur de la fête solennelle de St-Michel. Mort aux calendes d'octobre 1613 à l'âge de 74 ans, laissant à l'église les biens par lui acquis dans ses fonctions ecclésiastiques. Les exécuteurs de ses dernières volontés ont fait ériger de ses deniers ces deux chapelles en l'honneur de St-Jean-Baptiste et de St-Charles-Borromée.

Au-dessus de cette inscription, Bonne de Lalaing était représentée à genoux avec ses quatre quartiers : *Esne Trazegnies, Lalaing, Habarcq*. Parmi les enfants d'Adam d'Esne il y eut *Michel*, consacré évêque de Tournay en 1597 (1) ; devant le grand autel de la cathédrale de

---

(1) Histoire de Tournay, par Jean Cousin, t. 4, fin du volume où se trouve la liste des évêques. Pour les ouvrages composés ou traduits par Michel d'Esne, voir la Bibliographie douaisienne de M. Duthilloeul, nouvelle édition, nos 105, 187, 204, 207, 255, 216, 257 et 1570.

cette ville on voyait une tombe de pierre avec la représentation d'un évêque, au-dessus de laquelle étaient placés les quatre quartiers d'Esne, de Silly, de Lallaing et
de Habarcq avec cette inscription :

« Icy gist Michel d'Esne, Evesque de Tournay qui Trespassa le pre
» mier jour d'octobre l'an 1614 aagé de 73 ans 8 mois et 15 jours, priez
» Dieu pour son ame. »

Quatrièmement : YOLANDE, femme de Jean de Laporte,
seigneur de Morslède, et JACQUELINE, qui fut abbesse de
l'abbaye de Flines.

Revenant aux enfants de Jean de Lalaing, nous avons
encore à citer :

3° SIDRAC, qui entra dans les ordres.

4° HERCULE, seigneur de Vandôme et de Coupelles en
Artois, marié à Jeanne Demont ou Dumont, dame de
Monbernechon, lesquels intervinrent dans un acte du 26
juillet 1511 (1), pour reconnaître à Charles Ier, comte
de Lalaing, leur cousin au 2e degré, certains droits sur
des biens qui étaient tenus au paiement annuel d'une
rente de 122 livres à *l'hostel Dieu et hospital St-
Anthoine de Lalaing*. Hercule et sa femme reposent en
l'église St-Barthélemy, à Béthune, sous une pierre gravée comme suit :

« Cy devant sont inhumé nobles personnes Messire Hercule de Lalaing
» chevalier seigneur de Wandome Coupelle, etc. Et Madame Jehene De
» Mont son epouse Dame de Montbernenchon du Ploith qui trepassa le
» 20 septembre 1539 et ladite Dame le 5 septembre 1540. »

Et à la première vitre du 4e rang de l'église de Gonnay, on lisait : « Hercule de Lalaing, chevalier, seigneur

---

(1) Inventaires des archives de Lalaing, n° 108.

» de Wandome et Madame Jeanne Dumont sa femme
» ont donné cette verrière. » Hercule était représenté
en cotte d'armes, le casque couronné, le cimier ou aigle
s'essorant.

5° BLANCHE, mariée à Jean, seigneur de Diou ou
Wallon brabant.

6° MARIE, ancienne abbesse à l'abbaye de Flines.

DEUXIÈME PARTIE.

BRANCHE CADETTE DES LALAING.

XII.

Josse, 1er seigneur de la branche cadette , était fils
du célèbre Simon de Lalaing et de Jeanne de Gavre ; il
succéda à la seigneurie de Lalaing comme l'ayant acquise de Jean, son cousin germain, ainsi que nous l'avons
dit plus haut , par acte du 24 septembre 1481. Josse
s'allia à Bonne de la Viesville Dame de Sains. Il fut créé
chevalier de l'ordre de la Toison-d'Or , à Bruges, en
1478 (1) ; il était conseiller et chambellan du duc de

---

(1) Guicciardin, p. 83.

Bourgogne, Charles, amiral, grand-veneur, souverain
bailli et commissaire aux renouvellements des lois de
Flandres, capitaine de Lécluse, chevalier d'honneur de
la duchesse Marie, 1er chambellan et gouverneur de l'archiduc son fils, gouverneur-général de Hollande, Zélande
et Frise. A la bataille d'Utrech Josse monta sur une
haquenée, accompagné du seigneur d'Egmond, pour découvrir l'état des tranchées. Là, les assiégés le reconnu-
rent à son manteau écarlate et déchargèrent sur lui deux
coups de fusil qui l'atteignirent. Etant tombé, Artus de
Lalaing, son parent, le releva et le fit porter au quar-
tier de Salezar. Le duc Maximilien accourut aussitôt, et
après s'être entretenu avec ce prince l'espace de deux
heures, Josse lui rappela la bravoure et la fidélité de ses
frères, qui tous étaient morts au service de leur prince,
lui recommanda sa femme et ses enfants, et lui conseilla
de donner son gouvernement de Hollande au seigneur
d'Egmond. Il mourut des suites de cette blessure le
lendemain 5 août 1483. Sa femme décéda le 2 mars
1503, à Arras, et fut inhumée en l'église Sainte-
Claire.

Maurice, dans son ouvrage déjà cité sur les *Armoiries
des chevaliers de la Toison-d'Or*, dit que Josse succéda
à son père Simon, non seulement dans toutes ses terres
et seigneuries, mais aussi dans toutes ses vertus héroïques et actions militaires, et Jean du Moulinet fait connaître que ce seigneur était d'un mérite si éminent et
d'une valeur si distinguée, que depuis cent ans la maison de Lalaing, si féconde en grands hommes et en
personnes de mérite, n'en avait pas produit de plus il-

lustre. Josse fut inhumé en l'église de Deynze , auprès de son père , et sur sa tombe on lisait :

« Cy gist messire Josse de Lalaing , baron et seigneur dudict lieu , seigneur de Montigny , et Santes , Bracle , Salardingue , etc. qui eut espousé madame Bonne de la Vieville , fille et héritière de monseigneur Louis de Sains , de Berles , d'Orvillers, de Meurepas , en la comté d'Arthois et des autres seigneuries. Item fut de l'ordre de la Toison d'Or , conseiller et chambellan des magnifiques princes Charles ,duc de Bourgogne , puis Maximilien archiduc d'Austriche et de dame Marie de Bourgogne sa femme. Il fit plusieurs grands voyages tant par mer que par terre , haut a joustes et tournoyes , eut plusieurs grandes charges des gens d'armes , fut capitaine de cent lances , et de Péronne, prit d'assaut une isle, le duc Charles estant devenu nuys, fut admiral grand veneur et commis à créer les loix de Flandres , capitaine de deux chasteaux et villes de Lescluse de Flandres , fut prins a la bataille de Nancy, au service de son prince Charles qui la mourut. Fut chevalier de honneur a ladicte dame duchesse , laquelle eut en lui si grande fiance qu'elle le fit premier chamberlain et gouverneur de monseigneur Philippe archiduc son fils, depuis monseigneur archiduc et duc de Bourgogne Maximilien qui apres fut roy des Romains , le fit gouverneur de Hollande , Zelande et Frize , qui pour lors estoient rebelles et neantmoins apres plusieurs rencontres et villes fortes prises tant par armes comme par eau les réduisit en obéissance. Subjuga la ville d'Utrecht, prit d'assaut la forte ville de Hornes en Frize , acquit la baronnie de Lalaing , Utrecht se remeut , laquelle fut assiégée de Maximilien d'Austrice ou ledict seigneur Josse avait la charge de toute l'armée et faisant affuter une bombarde fut atteint de deux coups d'arquebuse , vescut jusques a lendemain , se confessa et receut son dernier sacrement. Trespassa chevalier sans reproche au mois d'aougt 1483. »

Josse eut pour enfants : 1° CHARLES, successeur de la seigneurie de Lalaing.

2° ANTOINE , qui fera l'objet de la 3e partie de cette notice, relative aux comtes d'Hoochstrate.

3° ANTOINETTE , qui se maria avec Philippe , seigneur de Habart en Artois, de Villers-Chastel, de Thiembronne, d'Agneux, etc.

4° MARGUERITE, mariée à Philippe de Contay, seigneur de Forest, et en secondes noces à Louis de Longueval seigneur de Verneuil, d'où sortit Louise de Longueval, dame de Verneuil, femme de Jean de Neuville, seigneur de Bourberch.

XIII.

Charles, fils de Josse, fait chevalier par Maximilien, roi des Romains, après son couronnement à Aix-la-Chapelle, le 9 avril 1486 (1), décoré de l'Ordre de la Toison d'Or à Middelbourg (Zélande), en 1505 (2), et créé comte en 1522, s'allia à Jacqueline de Luxembourg, dame de ville, fille de Jacques, baron de Faimes et de Gavre, et de Marie de Berlaimont. Ce noble et puissant seigneur était tout à la fois doyen des pairs de Hainaut, seigneur d'Escornaix, d'Eussegnies, St-Albin (3), Bracquele, Ecaillon, Bruille, Tricht et Maing (4), conseiller

(1) Nobiliaire des Pays-Bas, 1420 à 1555.

(2) Guicciardin, p. 84.

(3) M. Guilmot, qui a donné à M. de Roquefort ce qui compose en grande partie le tome 3 de son glossaire sur la langue romane, sans avoir même été cité par l'auteur, contient, page 29, cette mention : « Attiltré (estre), porter un titre.—Monseigneur » Charles, comte de Lallaing, avait fait entendre à MM. du ma-» gistrat de la ville de Douai, qu'il estoit délibéré de donner à » icelle ville sa maison seigneuriale de Saint-Aubin pour y faire » bastir le second collège, pourveu qu'icelui soit nommé *Attil-* » *tré*, et intitulé le Collége de Lallaing. » — Registre aux con-saux, 2 avril 1524.

Charles de Lalaing, comme on le voit, possédait une maison à Douai qu'il voulait donner à la ville, à la condition d'y ériger un collège qui aurait porté son nom ; mais cette volonté n'a sans doute jamais reçu son exécution.

(4) Charles acquit la seigneurie de Kevy de Josine de Ville, veuve de Guillaume de Hoves, par acte du 10 décembre 1507 ;

et chambellan de l'empereur et de monseigneur l'archiduc prince de Castille , capitaine du château et haut-
bailli de la ville et châtellenie d'Audenarde. Ce seigneur
reçut en 1521 la visite de Charles-Quint et de toute sa
cour. Ce fut en ce temps que le jeune et ardent empereur devint amoureux de la belle Jeanne Van Ghaconst,
fille de service dans la maison de Charles de Lalaing ,
et que de cet amour secret serait née la bonne Marguerite de Parme (1).

Charles apporta , le 9 juin 1506 , d'importantes modifications à la loi de Lalaing. Nous le voyons par des
actes des 13 janvier 1500 , 21 juin 1512 , 15 janvier
1513 et 31 décembre 1515 (2) : 1° faire donation à la
commune de Lalaing *d'un lieu et plache pour faire une
halle et maison de ville quon dist lostel ou healme* ; 2°
règler son droit pour les manoirs *Desmascz* à Lalaing ;
3° comparaître devant les hommes de fief du comté de

Jaquelle fut réunie à la pairie de Lalaing par lettres-patentes de
l'empereur Maximilien du 29 mars 1508, celles de Tricht et de
Maing lui furent cédées par Philippe, roi de Castille, le 20 juillet
1505 pour le prix de 8355 livres 17 s. 4 d. tournois, qui étaient
nécessaires à ce prince pour subvenir , porte l'acte , « aux
» grandes urgences que avons présentement à supporter en
» plusieurs et diverses manières , tant à cause de la réduction
» à son obéissance de nos rebelles et désobéissans subgetz de
» gheleres et du suytphen pour le paiement de nos gens de
» guerre présentement tenant les champs. » Enfin celles de
Bruilles et d'Ecaillon par acte du 3 avril 1510 de messire Fran
cois Rollain , seigneur de Beaucamp.—(Extrait des archives de
la famille des princes d'Aremberg).

(1) *Messager des sciences historiques de Belgique*, 1818, p. 121.

(2) Inventaire des Archives de Lalaing, nos 104 bis, 108, 109,
109 bis et 109 ter.

Hainaut en cour à Mons, avec un grand nombre d'habitants de la commune de Lalaing, et déclarer, d'une part, que *considérant la pourreté deulx, le mauvais temps et cherté de vivres pour cause des guerres et siege de Tournay il vouloit et leur offrait de son auctorite et grace speciale tel appointement pour eulx et leurs hoirs a tousiours proufitable;* d'autre part, que *par affection et amour naturelle quil avoit et estoit tenu envers ses prédécesseurs trespassez seigneurs de Lalaing, aussi de son feu seigneur et père Monseigneur Josse de Lalaing, lequel lui avoit acquis et acheté la d. terre de Lalaing aux charges de certains obits et aumones dont les comptes font mention,* il voulait que les objets et aumônes fondés par *Nicolas, Hotte* ou *Hotton* et *Yolend de Barbenchon,* sa femme, et *Josse,* son père, fussent à toujours célébrés et accomplis ; 4° fonder pour lui et sa femme un obit particulier en l'église de Lalaing (1), et constituer à son profit une rente annuelle et perpétuelle de 21 sols pour la fondation du salut du Saint-Sacrement.

M. Dubois-Druelle, dans son ouvrage publié en 1845, et qui a pour titre : *Douai pittoresque,* a cité des faits relatifs au comte Charles qui ne sont pas exacts. Par exemple, il le fait naître en 1499, quand déjà, à cette époque, Josse, son père, était mort (2). Ce n'est pas en 1499 que naquit Charles, mais en 1466, attendu qu'il avait 59 ans quand il mourut en 1525 au château d'Audenarde. D'un autre côté, les traits de bravoure qui sont

---

(1) Voir la copie de ces lettres aux pièces justificatives, n° 11.
(2) En 1483, à la suite d'une blessure reçue devant Utrecht.

signalés dans cet ouvrage ne s'appliquent pas à Charles, 1er comte de Lalaing, mais à son fils, Charles II, dont il sera parlé dans l'article suivant. Du reste, M. Dubois, dans sa notice, s'est particulièrement attaché à décrire ce beau tombeau, qui fait un des principaux ornements de la salle des antiques au Musée de Douai, et qui, avant la révolution, était placé dans le chœur de l'église des Dames de l'Abbaye-des-Prés (1). Sur ce tombeau est gravée cette inscription :

« Cy gist monsieur Charles comte de Lalaing, baron d'Escornaix, seigneur de Brakele de saint Aulbin en Douai, etc. En son temps fut conseillier et chimbellan de tres haulx et tres puissant prinches l'empereur Maximilien, du roi dom Philippe de Castille et de l'empereur Charles cinquième de nom, roi des Espagnes, etc., chevalier de l'ordre de la Thoyson d'Or, capitaine et gouverneur de la ville et chasteau d'Audenarde, fist plusieurs voyages tant en guerre qu'en paix au service des prinches dessusditz. Euht il femme dame Jacqueline de Luxembourg, eubrent pluysieurs beaulx enfants ensemble. Et ayant toute sa vie vescut catholiquoment et en vray amateur de noblesse, trespassa chevalier sans reproche en laage de chincquante neuf ans, audit chasteau d'Audenarde le XVII jour de juillet M. CCCCC. XXV. Pries Dieu pour son ame. »

Le cœur de Charles Ier avait été reçu dans l'église de Lalaing où, avant l'époque de la Révolution, existait une inscription ainsi conçue :

« Chy gist le cœur de messire Charles Ier comte de Lalaing, baron

(1) Comme Charles était aussi seigneur de St.-Albin en Douai, quelques historiens ont dit qu'il avait été inhumé dans cette église ; mais c'est une erreur ; il est évident que le beau tombeau de Charles Ier était placé dans le chœur de l'église de l'Abbaye-des-Prés, ainsi que le prouve l'inscription placée dans l'église de Lalaing, qui a recueilli le cœur de Charles, et voir en outre les *Souvenirs à l'usage des habitans de Douai*, p. 795, et les *Archives historiques du nord de la France*, t. 1er de la nouvelle série, p. 188 ; et pour connaître comment il a été transféré au Musée, une notice de M. Duthillœul, insérée dans le *Mémorial de la Scarpe*, année 1834, n° 130 du jeudi 30 octobre.

» d'Escornaix, dont le corps gist en l'Abbaye des Prez a Douay qui tres-
» passa le XVIIᵉ jour de juillet 1825. Requies cat in pace amen. »

Charles Iᵉʳ a eu six enfants.

1° JACQUES, mort sans postérité le 25 octobre 1521 (1).
Il fut inhumé en l'église des Dames de Beaumont à Valenciennes, sous une sépulture placée dans une chapelle
érigée par son père et sur laquelle on lisait :

« Chy gist Jacques fils ainé de Charles de Lalaing seigneur d'Ecornaix
» capitaine d'Audenarde , conseiller et chambellan de lempereur qui
» trepassa en revenant du siège de Maisiere le penultieme jour d'octobre
» XVᵉ XXI (1521). »

Son père, dans des actes des 28 novembre 1571, 1ᵉʳ
juin et 29 juillet 1518 (2), avait déclaré qu'à raison de
l'amour naturel *qu'il avoit pour Jacques, seigneur Des-*
cornetz, son fils aîné, il lui donnait par don d'entre-vifs
et sans rapport sa propriété , sise à Valenciennes rue
Cardon, connue sous le nom *d'hôtel St-Georges* (3), avec
tous les objets qu'elle pouvait renfermer , tels que :
« meubles de bois qui seront servant a dites maisons ,
» tous ornemens calixes et aultres choses servans a le
» chappelle estans en icelle maison et au chastel de La-
» laing, tous livres tant en parchemin que en pappier ,

(1) Serait-ce ce Jacques que Moreri dit avoir écrit en français
un récit des choses arrivées de son temps et de ses propres
exploits? V. lettre *L*, p. 20, t. 5.

(2) Voir pièces justificatives, n° 12.

(3) A l'aide de renseignements et de recherches nous sommes
parvenu à découvrir que cet ancien hôtel St.-Georges , long-
temps habité par des Lalaing , gouverneurs de Valenciennes,
est situé rue du Quesnoy, n° 33, coin de la ruelle Bizé. Il porte
le millésime 1575 , année de sa reconstruction. Voir ce que dit
M. Arthur Dinaux sur cet ancien hôtel St.-Georges dans les
Archives historiques du nord de la France, t. 2, 3ᵉ série, p. 180.

» paintures, tableaux et aultres choses semblables, toutte
» artillerie , armure , habillement de guerre , arcqs à
» main et arballestres, espèces daghes , couteaulx et
» touttes choses de quoy lon il polroit aidier a le def-
» fence de la maison et chastel de Lalaing ou de ladite
» ville de Valenchiennes. »

Cette donation devint caduque par suite de la mort de
Jacques avant son père donateur.

2° Philippe, qui succéda, comme on le verra dans un
moment, à la seigneurie et comté d'Hoohstrate, qui lui
fut donnée par son oncle, Antoine de Lalaing.

3° Charles , successeur de la seigneurie de Lalaing.

4° Anne , qui fut chanoinesse à Mons (1).

5° Marguerite , femme de Jean ou Josse , vicomte de
Montfort.

6° Antoinette, qui épousa Evrard, seigneur de Pallant, morte en 1602 à l'âge de 95 ans. De ce mariage
sont nés Floris et quatre filles , dont l'aînée , Marie de
Pallant , épousa Charles, baron de Trazegnies.

XIV.

Charles, 2ᵉ comte de Lalaing , fils de Charles 1ᵉʳ ,
évêque de Coria (2), décoré de l'ordre de chevalier de la

(1) Nous pensons que cette dame fut enterrée dans l'église de
Lalaing, car au nombre des fragments de tombeaux qui se trou-
vaient dans le jardin du château , l'un d'eux représentait une
statue avec les attributs d'une chanoinesse.

(2) Ville d'Espagne au royaume de Léon et dans la province
de l'Estramadoure , évêché suffragant de l'archevêché de Saint-
Jacques en Compostel en Galice. Ce titre d'évêque fut conféré à
Charles II , on ne peut en douter , par les actes repris à l'inventaire des papiers du prince d'Arenberg sous les nᵒˢ 225 , 226 ,
318, et par un autre reposant aux archives du village de Lalaing.

Toison-d'Or à Tournay, en 1531 (1), chef des finances
et du conseil privé d'État de sa majesté catholique, gouverneur de la ville d'Utrecht et par intérim de Hollande
près du duché de Luxembourg et comté de Chiny, grand
bailli, gouverneur et capitaine-général de Haynaut,
Cambrai et Cambrésis. Charles de Lalaing, d'après M. de
Villerode, se trouva aux journées de Zittart, de Luxembourg et à celle de Picardie, en qualité de capitaine-
général de l'armée impériale; prit les villes de Vervins
et de Bohain; traita le mariage de Philippe II, roi d'Espagne, avec Marie, reine d'Angleterre; conclut et jura
la trêve de 5 ans, qui fut signée à Vaucelles, le 5 février
1556, par Charles de Lalaing, au nom de son empereur, et par l'amiral de Coligny pour le roi de France,
Henri II. Quatre jours après, se tint une conférence
pour l'échange des prisonniers (2); Charles de Lalaing
se rendit à Blois, et l'amiral de Coligny à Bruxelles,
tous deux pour être présents, chacun de leur côté, à
la ratification du traité (3). C'est à l'occasion de ces faits
de diplomatie qu'un mémoire inédit de Charles de Lalaing trouve ici sa place (4). Il porte la date du 25 février
1555, et est adressé à sire Antoine de Goignies (5) pour

(1) Guicciardin, p. 85.
(2) De Thou, abrégé de l'*Histoire universelle*, p 86.
(3) Robertson, histoire de Charles VI, t. 6, p. 153
(4) Ce mémoire fort intéressant pour l'histoire signé de sa
propre main de Charles de Lalaing, est en la possession de
M. d'Esclaibes, qui a bien voulu nous le communiquer avec
autorisation de le reproduire dans cet ouvrage. Il fera partie des
pièces justificatives, n° 13.
(5) Antoine de Goegnies, chevalier, seigneur de Vendegies-

l'éclairer sur la question relative à la remise des marchands retenus prisonniers qui, sous la foi des traités, avaient cru pouvoir voyager librement.

Charles de Lalaing se trouvant empêché, pour cause de maladie, de travailler à la paix universelle de la chrétienté, mourut en la ville de Bruxelles le 24 du mois de novembre 1558 ; son corps fut ramené à Lalaing et placé dans l'église entre le chœur et la chapelle St-Jean, sous un magnifique et somptueux monument en marbre, où on voyait le comte Charles étendu, et au-dessus un tombeau en marbre noir au haut duquel étaient placés 4 lions qui tenaient chacun un écusson représentant les armes des seigneurs de Lalaing ; à l'époque de la Révolution, ce monument fut détruit et on ne conserva que la statue couchée qui se trouve aujourd'hui dans la salle des antiques au Musée de Douai, connue sous le nom de *mausolée de Lalaing*, et que M. Guilmot a attribuée à Jean de Bologne, le célèbre statuaire, né à Douai en 1524 et mort à Florence en 1608. Contre le mur du chœur de l'église, et près du tombeau, était encastrée

---

au-Bois, était issu d'une ancienne famille du Hainaut. Né en 1521, il suivit dès l'âge de dix-huit ans le parti des armes et se distingua dans les guerres de Charles-Quint contre la France. Il avait épousé en 1559 Marie d'Esclaibes, fille de Georges, comte de Clairmont en Cambrésis, et de Marie de Villers-au-Tertre, dont il eut deux filles alliées aux seigneurs de Beauffort et de Carondelet. Il mourut à Bruxelles, le 30 avril 1599, et fut inhumé dans l'ancienne église paroissiale du Quesnoy.

Ce fut sous le gouvernement du sire de Goegnies que la ville du Quesnoy vit s'élever son beffroi, qui fut construit en 1583 et qui fut remplacé en 1700 par le beffroi actuel.

une lame de cuivre qui se voit aussi au Musée et sur laquelle est gravé ce qui suit :

« Chy gist haut, noble et puissant seigneur, monseigneur Charles » comte de Lalain, doyen des pairs de Hainau, sire du pays d'Escornaix, » baron de Condé, de Montigny, de Wavrin, seneschal de Flandres, sei- » gneur de Bracle, Wazieres, St-Aubin, Escaussines, etc., etc. et lequel » pour ses vertuz, et suffisances fut emploié, et entremis par feu de tres » haute mémoire l'empereur Charles V. Et le roy catholique Philippe » second ses princes naturels, en leurs plus grandes et importantes » affaires, tant de paix que de guerre, estant de leur chambre et conseil » privé, et d'estat, chief de leurs finances et chevalier de leur tres noble » ordre du Toison d'Or, fut gouverneur premièrement des villes et pays » d'Utrecht, provisionel de Hollande et de Zelande, puis du duché de » Luxembourg, et conté de Chiny, et finalement grand bailly, gouver- » neur et capitaine général du Haynau, Cambray et Cambresis, s'estant » outre ce ledict seigneur roy, pendant les conquestes en France confié » en luy du gouvernement général de tous ses pays bas, se trouvant aux » guerres de Juliers ou estant chief des chevaux legers à la journée de » de zittart, eut son cheval occis soubz lui, en celle de Luxembourg, ou » rembarra la puissante armée des Francois, en celles de Picardie, es- » quelles estant capitaine général de l'armée impériale entra en pays » d'ennemis, print Vervins et Bohain et généralement en toutes les » guerres de ces pays, esquelles estant capitaine d'une compagnie » d'hommes d'armes des ordonnances, avec autres honorables charges » de pied et de cheval, s'est toujours maintenu si vaillamment et pru- » demment que ses ennemys ne lui peuvent donner oncques atteinte, » ny a aucune place d'importance a luy commise. Traicta le mariage du- » dict seigneur son roy a dame Marie reyne d'Angleterre, France et » Irlande, Pourparla conclut et jura, au nom de lempereur et mains de » Henry second roy de France la tresve septennale et s'employant au » traicté et conclusion de la paix universelle de la christienneté selon sa » charge fut en cette tres sainte et tres louable entreprise fut appelé de » ce monde a la paix eternelle. Espousa en premieres nopces dame » Marguerite de Croy, dame de Wavrin d'Escaussines ; fille au prince de » Chinay (qui soubz même lame que luy est encore compaigne, attendant » la résurrection) de laquelle en XXII ans qu'is furent conjoints de XII » enfants n'en a laissé qu'un survivant *Philippe* comte de Lalain qui en » pieuse memoire de ces très noble progenitures leur a faict dresser » cette sepulture. Depuis eut a femme dame Marie de Montmorency de » laquelle a laissé deux fils et une fille, trespassa ledict seigneur en la » ville de Bruxelles le 21 de novembre 1558, ayant vescu 52 ans....., » mois...... jours. Et ladite dame sa première compaigne le deuxieme

» de juillet 1540. Priez Dieu pour leur ame. Requies cant in pace.
» Amen. (1). »

Charles, comme le prouve cette épitaphe, avait
épousé en premières noces Marguerite de Croy, Dame de
Wavrin, Prouvy, Ecaussines, etc., fille de Charles de
Croy, prince de Chimay, et de Louise d'Albret, décédée
le 2 juillet 1540 ; en secondes noces Marie de Montmorency, fille de Joseph, baron de Nevelle ou Nivelle, et de
dame Anne d'Egmond.

Du 1er mariage il eut 12 enfants, dont un seulement
survécut à ses père et mère ; c'est PHILIPPE, qui succéda
à la seigneurie de Lalaing.

Du second mariage. 1° HUGUES, seigneur de Condé,
mort sans postérité.

2° MAXIMILIEN, mort à l'âge de 3 mois.

3° EMMANUEL-PHILIBERT, né à Valenciennes le 5 mai
1557, baptisé le dernier jour de juin, lequel fut tenu
sur les fonds baptismaux par Philibert, prince de Piémont, et l'évêque d'Utrecht, avec la princesse d'Orange

---

(1) J. B. Maurice, dans son ouvrage sur les armoiries des chevaliers de la Toison-d'Or, donne, pages 133 et 205, deux fois
cette inscription tumulaire ; il la rend mal à propos applicable
à deux comtes du nom de Charles, tandis qu'elle ne concerne
en réalité que Charles II. Il y a seulement quelques différences
dans la manière d'écrire certains mots à la fin de la première
inscription (p. 133). Il fait mourir Charles le 22 novembre
1558, et dans la seconde (p. 225), le 22 novembre 1585. Ensuite
il fait mourir la première femme de Charles, d'un côté le 11
juillet 1504, et de l'autre le 11 juillet 1540. Il y a évidemment
transposition de chiffres. Maurice a par conséquent donné à
Charles Ier (p. 133) l'épitaphe qui appartient à Charles II, et
qu'il a reproduite pour la seconde fois, p. 205.

et la comtesse de Hornes. Il était baron de Montigny, seigneur de Leuze et de Condé, chevalier de l'ordre de la Toison-d'Or, grand-bailli de Hainaut en 1582; il décéda à Mons le 27 décembre 1590, des suites d'une blessure reçue au siège de Corbeil (1), et son corps repose en l'église de St-Wasnon ou de Notre-Dame à Condé, où l'on voit son tombeau de marbre richement élevé et artistement taillé, avec cette épitaphe :

TEXTE.	TRADUCTION.
D. Emmanuel de Lalaing.	*Au sire Emmanuel de Lalaing.*
Equiti ordinis aurei Velleris, marchioni de Renty, bar. de Montigny, D. de Condé, gubernatori capitaneo generali, ac supremo hannoniœ præfecto, Maris Belgici admirali, etc. obiit 27 decembris anno 1590. Ætatis suœ 53.	Chevalier de l'ordre de la Toison-d'Or, marquis de Renty, baron de Montigny, seigneur de Condé, gouverneur, capitaine-général et chef suprême du Hainaut, amiral de la mer Belge etc. Mort le 27 décembre 1590, à l'âge de 53 ans.

Pierre d'Outreman (2) a composé sur ce seigneur une épigramme qui fait allusion à l'Ancre qu'il joignait à l'Escu de ses armes, comme marque de son amirauté :

Post varia indomiti superata pericula martis,
Inclytaque innumeris fixa trophœa locis;
Ne tibitot partos sors verteret ulla triumphos
Reutiace in cœlisanchora jacta tua est.

(1) MM. Dancoisne et Delanoy, dans leur *Recueil de Monnaies, Médailles et Jetons*, à la planche 21, n° 2, ont donné une médaille ou jeton d'Emmanuel de Lalaing, représentant les armes de Lalaing entourées du collier de la Toison-d'Or, avec le millésime 1586, ayant pour légende : Emmanuel *De Lalaing* Marquis de *Renti* Baron de Montigni etc. ℞ L'écu d'Anne de Croy, femme d'Emmanuel. Légende : Anne De *Croy* Marquise de *Renti* Duchesse de Chevres et non de Chimay.

(2) Histoire de Valenciennes, p. 588.

Et ce chronographe :

> L'enfant Jésus de deux jours estoit né ,
> Quand le marquis revenu de la guerre ,
> Se vit au ciel d'un laurier couronné ,
> Qui ne flestrit desdaignant nostre terre.

Emmanuel avait épousé Dame Anne de Croy, marquise de Renty, Dame de Chevres, avec laquelle il eut 1° JEANNE de Lalaing, Dame de Renty, qui épousa Jean de Croy, 3ᵉ du nom, capitaine de la garde de Philippe IV, roi d'Espagne. Mariée en 1608, elle devint veuve en 1638 et mourut sans postérité en 1649. Le maréchal de Croy écrivait en 1775 qu'il avait vu plusieurs vieillards qui avaient connu Jeanne de Lalaing , laquelle était aimée et considérée. Il ajoute qu'elle allait à pied dans les rues avec sa crochette, mettant la police partout (1). 2° ALEXANDRE de Lalaing, marquis de Renty, mort devant la ville de Lécluse en 1604. Ce seigneur avait d'abord embrassé le parti des *confédérés*, et combattit à la tête de l'avant-garde de leur armée à la bataille de Gemblours, que les Etats perdirent le 31 janvier 1578.

Dans des lettres données par M. Diégérick (2) , on voit la part qu'avait prise aux guerres de religion Emmanuel de Lalaing, connu plus particulièrement sous la qualification de seigneur de Montigny. Sa correspondance secrète saisie par Philippe de Lalaing, son frère utérin, avait exaspéré sa colère, mais elle ne fut

(1) *Bulletin de la Commission historique du département du Nord*, t. 3, p. 111.

(2) T. 1ᵉʳ, p. 63, 181 et suivantes.

pas de longue durée, elle se calma peu à peu et avec
elle s'évanouit l'espérance que les Etats avaient conçue
de ramener les mécontents à une réconciliation défini-
tive, sans laquelle il était impossible de vaincre la puissance oppressive de l'Espagne. Bientôt Emmanuel de
Lalaing jura obéissance au roi Philippe, dont il devint
l'un des serviteurs les plus distingués. Il surprit plusieurs
postes très avantageux et fit dresser des forts le long de
la rivière de la Lys en Flandre, afin de s'assurer de la
bonne volonté des provinces Wallonnes et de les faire
continuer à rendre leur obéissance à Sa Majesté. Il dé-
couvrit la trahison de M. le baron de Heze contre le
prince de Parme; se trouva à la prise de Bouchain en
1581, et en la même année il prit la ville de Condé,
puis assiégea celle de Tournay et échappa à un très
grand danger au siège de la ville d'Audenarde, où un
boulet de canon, tiré par les assiégés, passa sur sa table. Il donna des preuves toutes particulières de sa conduite et de sa valeur à la prise de Dunkerque et fut
employé pour attirer les Hollandais au parti du roi. Ce
monarque, pour récompenser Emmanuel de Lalaing
de ses bons et loyaux services, le fit gouverneur et capitaine général de la province de Haynaut et amiral de
Flandres (1). Ces titres, a dit d'Outreman (2), n'ont jamais égalé la grandeur de ses mérites, car ce fut véri-
tablement un chevalier de valeur et un parfait capitaine.

Nous devons à la communication obligeante de M.

(1) Maurice, p. 309.
(2) Histoire de Valenciennes, p. 587.

d'Esclaibes et de M. le Président Bigant, tous deux si riches en autographes, deux lettres intéressantes d'Emmanuel de Lalaing ; la 1re, du 8 mai 1578, est adressée à Monseigneur de Clermont (1). Elle est ainsi

(1) Ce M. de Clermont est Adrien d'Esclaibes, comte de Clermont ou Clairmont en Cambrésis. Né en 1537, il était fils de Georges d'Esclaibes, chevalier, et de Marie de Villers-au-Tertre. En 1560, il fit le voyage d'Espagne avec le comte de Feria, et deux ans après, il accompagna en Allemagne et en Italie le jeune comte Philippe de Lalaing qui allait terminer ses études dans la célèbre université de Padoue. Il a laissé deux relations manuscrites de ses voyages : l'une est intitulée : *le Chemin de Bruxelles* en Hespaigne par la Franche que j'ai faict avec Monsieur le comte de Feria, le premier dapvril 1560 ; l'autre a pour titre : *le Chemin de Flandres pour Italie*, que j'ai faict aveucq Monseigneur le comte de Lalaing 1562. Dans ces deux ouvrages, Adrien d'Esclaibes donne la description des lieux qu'il visite, retrace les mœurs des habitants, indique les monuments et les choses curieuses qu'il rencontre. Il commandait en 1578 une compagnie de cavalerie légère sous les ordres d'Emmanuel de Lalaing, chargé par les Etats du gouvernement du Hainaut, et il fut pendant la guerre de 1597 et 1598 lieutenant gouverneur de la ville du Quesnoy pour le roi d'Espagne. Il a laissé un recueil de lettres écrites à cette dernière époque et qui sont relatives aux affaires du temps. Parmi ces lettres, on en remarque du chevalier le Pesche, gouverneur de Guise, d'Antoine de Goegnies, gouverneur de Bruxelles, de Charles de Croy, duc d'Arschot, du seigneur de Bousien, gouverneur de Landrecies, de Marie de Melun, comtesse de Ligne et princesse d'Epinoy, de Gilles de Buclin, seigneur de Bry, du vicomte d'Auchy, gouverneur de St.-Quentin, de don Alonso de Mendosa, gouverneur de Cambray, du comte de Boussu, de Louis de Beauffort, seigneur de Boileux, du sieur de Rombies, prévôt de Valenciennes, de l'archiduc Albert, d'Antoine Davila, de Paul de Carondelet, seigneur de Maulds, du président Richardot, du commandeur J.-B. de Tassis, de l'audiencier Vereikens, d'Adrien, cardinal d'Autriche, etc. Après la paix de Vervins, conclue le 2 mai 1598, Adrien d'Esclaibes quitta le service, résigna ses fonctions de

conçue : « Monseigneur de Clermont. Daultant que pour
» le service pour lequel vous aves esté mande avec vo-
» tre compagnie Il convient vous rapprocher Dauenne.
» Il a este aduise que demain du bon maslin vous faicte
» marcher votre dite compagnie au village de Estrun
» Cauchy ou vous prie louger attendant aultre advis.
» Ne seruant la présente a aultre fin du vray Dieu vous
» auoir en sa saincte grace de auenne ce 8ᵉ may 1578.
    » Votre bien bon amy a votre commandement.
          » Signé : Emanuel de Lalaing.
              Plus bas,
     » Signé : Jacques Rossel comissaire. »

La 2ᵈᵒ, du 8 octobre 1584, est adressée à M. le comte
de Mansfelt, chevalier de la Toison d'Or, qui en secondes noces avait épousé sa mère, Marie de Montmorency,
veuve du comte de Lalaing Charles II. Il l'entretient
d'abord d'une somme de 748 *escuz d'or d'Italie due par*
Olave Pagador qu'il avait presté a son alteze de la ran-
con de monsieur le vicomte de Turenne, ensuite de sa
maladie, et cela en ces termes : « *Au reste quant a ma*
» *maladie* il y a quelque temps que je veois quelque
» peu damendement, mais je suis depuis retombé

capitaine gouverneur du Quesnoy et se retira au château de
Clairmont, où il décéda le 4 mai 1614. C'est par erreur que l'on
a dit dans les archives du Nord, 2ᵉ série, t. 5, p. 14, qu'il était
mort en revenant d'Italie. Ce seigneur avait épousé à Douai, le
4 février 1569, Maria de Hornes, dame de Coyghem, Monchy-le-
Breton et Rollancourt-lez-Courcelles, fille de Jean de Hornes et
de Marie de Melun. Il fut père de Robert d'Esclaibes, qui a laissé
des mémoriaux intéressants publiés dans les archives du Nord,
2ᵉ série, t. 5, p. 9.

» n'ayant la fiebvre reprinct (comme je vous ai mandé)
» laquelle s'est tournee en tierche et depuis en journail-
» liere qui encores me tient ; en sorte que je me re-
» trouve pis que n'ay fait passé un mois et si debile
» que je ne bouge le lict tant suis-je extenue et faible.
» C'est bien autre ma maladie la redoubler de veoir les
» autres en campaigne et moy icy retenu au lict, mais
» force m'est d'en avoir patience. »

4° et 5° ANNE et CORNÉLIE, dames chanoinesses à la
Thore.

6° et 7° ISABELLE et JACQUELINE, dames chanoinesses à
Mons.

8° HÉLÈNE, morte à 8 ans.

9° Enfin PHILIPPOTTE CHRESTIENNE, appelée aussi MARIE-
PHILIPPINE, qui devint l'épouse de Pierre de Melun, prince
d'Epinoy, baron d'Antoing, gouverneur de Tournay,
qui, en l'absence de son époux, défendit cette ville le 5
octobre 1581 pour les états des Pays-Bas contre le prince
de Parme, se fit blesser sur la brèche, et ne sortit de
la place qu'aux acclamations mêmes des assiégeants, et
avec tout l'appareil d'un triomphe (1). Cette femme
courageuse osa, dit M. Diegerick (2), prendre le commandement de la place et résister avec une intré-
pidité peu commune à l'ennemi qui la serrait de près.
Elle animait par son exemple les Tournaisiens à défendre leur ville jusqu'à la dernière extrémité. Mais la
brèche étant faite et les secours que les assiégés atten-

(1) *Archives historiques du Nord*, t. 1er, 1re série, p. 232, où
on a donné à la princesse d'Epinoy le nom de *Marie*.

(2) T. 1, p. 138.

daient n'arrivant pas, la princesse crut devoir capituler.
Elle obtint des conditions honorables, et quitta Tournay à la tête de sa garnison le 20 novembre 1581.

Après la mort de Charles II, en 1558, sa veuve se remaria avec Pierre-Ernest, comte de Mansfeldt, chevalier de la Toison-d'Or, veuf d'Anne de Bréderode.

XV.

Philippe (1), fils de Charles II et de Marguerite de Croy, fut le 3e des seigneurs de Lalaing qui porta le titre de comte. Il naquit à Valenciennes en 1553, et fut tenu sur les fonds baptismaux, en l'église de St-Jean, par le comte de Bossu au nom de Charles-Quint, et par M. de Vismes avec Mme la duchesse d'Arscot, pour l'archiduchesse Marie, gouvernante des Pays-Bas. Il épousa Marguerite de Ligne, fille de Jean, seigneur de Barbençon, et de Marguerite de la Marck, comtesse d'*Aremberghe* (2). Il était gouverneur de Gueldres, de Zutphen et de Valenciennes, baron d'Escornaix et grand-bailli de Hainaut.

(1) Un seul acte du comte Philippe se trouve parmi les archives de Lalaing ; il porte la date du 5 janvier 1578, et contient vente par le receveur de « *hault et puissant seigneur* Monsei-
» gneur Philippes comte de Lalaing d'une certaine maison
» huisigne, brasserie, grange, étables, édifices, lieu, pourpris
» et heritaige avecq les ustansilles servans à la dicte brasserie
» que mondict seigneur avoit a luy appartenant scitué assez
» prez et devant son chastel de Lalaing cottoiant le courant du
» Bouchart et le chimetiere de leglise et presbitaire dudit
» Lalaing. »
(2) Voilà la première fois que nous avons à citer le nom d'*Aremberghe*. MM. Dancoisne et Delanoy ont aussi donné une médaille ou jeton de Philippe de Lalaing, représentant les armes

Ce seigneur avait fait ses études à la célèbre université de Padoue. Il était parti d'*Escauchines aveucq tout
son train* le 25 juillet 1562, et s'était rendu en Italie en
parcourant une partie de l'Allemagne et visitant Aix, Co-
logne, Worms, Spire, Ulm , Munich , Inspruck , Trente
et beaucoup d'autres villes moins connues. Arrivé à Padoue, *sa seigneurie i seiourna lespas de 15 mois , pendant lequel, icelle print exercise a toutes les chose que lon
pourait requerir en noblesse , sadressant à toutes sortes
darmes, a baller et voltiger , aussi à la musicque et a
plusieurs instrumentz comme du leut, du violons et aultres ; encore (non obstant tout ceci) ne laissoit de pour-
suivre le cours de ses estudes , de sorte que croy quil ny
havoit minut quicelle nemplioit à chose vertueuse, aveucq
tres grande diligense.* Puis après , le comte de Lalaing
visita toute l'Italie , Venise , Ferrarre , Bologne , Florence, Lucques, Pise, Rome, Naples, etc. ; son voyage,
depuis le départ d'Ecaussines jusqu'au retour en Hainaut , a été raconté par Adrien d'Esclaibes (1), seigneur

du Hainaut Légende : *Philippus Dei Gratia hispaniæ rex hano-
niæ comes.* 1575.
℞. les armes de Lalaing. Légende : *Philippus comes de Lalaing hannoniæ præfectus.*

(1) Adrien d'Esclaibes, fils de Georges, seigneur de Clairmont,
et de Marie de Villers-au-Tertre , épousa à Douai , le 5 février
1569, Michelle de Hornes, et fut père de Robert d'Esclaibes, dont
les mémoriaux intéressans pour l'histoire de nos pays ont été
publiés par M. Leglay dans les archives du Nord, nouvelle série,
t. 5 , p. 9. Adrien mourut au château de Clairmont, le 4 mai
1613, mais non *en revenant d'Italie,* comme on l'a imprimé par
erreur dans les archives du Nord, eod., p. 11.

de Clairmont, jeune gentilhomme cambrésien, qui l'avait accompagné (1).

M. Bigant, président à la Cour impériale de Douai, possède une lettre de Philippe de Lalaing, datée de Mons du 25 février 1574, adressée à M. de Capres, Oudart de Bournonville, seigneur de Capre, gouverneur d'Artois (2), résidant alors à Cambrai, pour le *condoloir* de la triste *adventure* qui lui était survenue sur le chemin d'Arras. Cette lettre est terminée par une mention écrite de la main de Philippe de Lalaing, laquelle est ainsi conçue : « Je pensoye me trouver ces jours
» passes en Anvers ou il neusse fally faire tous bons
» offices pour vous (encore que nen estoye requis)
» quil m'estoit possible, mais comme jay retarde le
» voyage pour certaines raisons je ne saudray vous ser-
» vir aussy bien en absence qu'en présence. Votre bien
» affectionné amy a vous complaire.

» Signé : Philippes de Lalaing. »

Philippe de Lalaing a pris une part active aux trou-

---

(1) Le manuscrit auquel nous avons emprunté le passage qui précède a pour titre : *Le chemin de Flandres pour Italie que j'ai faict aveucq monseigneur le comte de Lalaing*, 1562. Dans cet ouvrage l'auteur donne la description des lieux qu'il visite, retrace les mœurs des habitants et indique les monuments et les choses curieuses des pays qu'il parcourt. Il a laissé aussi en manuscrit le récit d'un autre voyage intitulé : *Le chemin de Bruxelles en Hespaingne par la Franche que j'ai faict avec monseur le comte de Ferin, le premier dapvril* 1560.

(2) M. de Capres avait épousé Marie-Chrétienne d'Egmont, fille de Lamoral comte d'Egmont, et de Sabine, fille de Jean duc de Bavière. Il était par conséquent le gendre du comte qui fut décapité à Bruxelles le 5 juin 1568. Cette dame mourut en 1622.

bles des Pays-Bas, plusieurs lettres qui sont publiées dans l'ouvrage de M. Diégérick le prouvent.

M. Arthur Dinaux, dans les *Archives historiques du nord de la France* (1), a donné le résumé des fêtes qui se célébrèrent à Valenciennes en 1579 à l'occasion de la réconciliation de la ville avec le roi d'Espagne. Ces fêtes, qui ne furent pas dépourvues de magnificence et d'éclat, étaient à la fois religieuses et politiques. Philippe de Lalaing, gouverneur, Mme Marguerite d'Aremberg, sa femme, et toute la noblesse du pays, y prirent part (2).

Nous avons trouvé dans Petitot (3) la reproduction d'un mémoire écrit par la princesse Marguerite de Valois, fille de Henri II et de Catherine de Médicis, à l'occasion de la belle réception qui lui faite par Philippe de Lalaing, dans son hôtel à Mons, en 1577, qui est assez curieux pour le donner ici en entier.

(1) T. 2 de la 3ᵉ série, p. 548.

(2) Sur cette réconciliation, M. Amédée Leboucq de Ternas, dont l'un des aïeux, Philippe Leboucq, a été secrétaire de Philippe de Lalaing, nous a communiqué une lettre inédite du roi à ce dernier, datée de Madrid le 11 mai 1579, que nous reproduirons aux pièces justificatives sous le n° 14. Philippe Leboucq, ci-dessus nommé, fut gouverneur du prince Charles de Croy et de Chimay ; il mourut subitement en 1583, à l'âge de 37 ans, et fut inhumé en l'église St-Jean à Valenciennes. Parmi les membres de cette ancienne famille, il y eut Jacques Leboucq, généalogiste célèbre que Charles-Quint nomma son héraut et que Philippe II, son fils, choisit à Gand, en 1559, pour roi d'armes de la Toison-d'Or. On a de lui des manuscrits dont l'un a pour titre : *le Noble Blason des armes*, 1564-1572, dédié au comte de Lalaing avec ses armoiries au 1ᵉʳ feuillet.

(3) Mémoires de Petitot. T. 37, 1ʳᵉ série, p. 107.

« Partant de Cambray j'allay coucher à Valenciennes , terre
» de Flandre où M. le comte de Lalaing , M. de Montigny son
» frère et plusieurs autres seigneurs et gentils hommes au
» nombre de deux ou trois cents vindrent au devant de moy
» pour me recevoir au sortir des terres de Cambresis , jusques
» où l'évesque de Cambray m'avait conduite. Estant arrivée à
» Valenciennes , M le comte de Lalain dont cette ville était de
» son gouvernement, fit festin aux seigneurs et gentils hommes
» de ma troupe , remettant à Mons à traiter les Dames où sa
» femme, sa belle-sœur, Madame d'Aurec, Diane de Danmartin,
» épouse de Philippe de Croy , marquis d'Havré , et toutes les
» plus apparentes et galantes Dames m'attendoient pour me
» recevoir et où le comte et toute sa troupe me conduisit le
» lendemain. Il se disoit parent du Roy mon mary , et estoit
» personne de grande autorité et de grands moyens , auquel la
» domination d'Espagne avait toujours esté odieuse , en estant
» très offensé depuis la mort du comte d'Egmont qui lui était
» proche parent.

» Le comte de Lalain estant tel ne pouvoit assez faire de de-
» monstration du plaisir quil avoit de me voir là , et quand son
» prince naturel y eust esté , il ne l'eust pu recevoir avec plus
» d'honneur et de demonstration de bienveillance et d'affection.
» Arrivant à Mons , à la maison du comte de Lalain où il me fit
» loger , je trouvay à la cour la comtesse de Lalain sa femme
» avec bien 80 ou cent Dames du païs ou de la ville de qui je
» fus receue , non comme princesse étrangère mais comme si
» j'eusse été leur naturelle Dame. Le naturel des flamandes
» estant d'estre privees , familieres et joyeuses , et la comtesse
» de Lalain tenant de ce naturel , ayant davantage un esprit
» grand et eslevé , de quoy elle ne ressembloit moins à votre
» cousine que du visage et de la façon, cela me donna soudain
» asseurance quil me seroit aisé de faire amitié estroite avec
» elle , ce qui pourrait apporter de l'utilité à l'avancement du
» dessein de mon frere, cette Dame possédant de tout son mary.
» L'heure du souper venue nous allons au festin et au bal, que
» le comte de Lalain continua tant que je fus à Mons qui fut
» plus que je ne pensois, estimant de devoir partir le lendemain.

» Mais cette honneste femme me contraignit de passer une
» semaine avec eux ; ce que je ne voulois faire , craignant de
» les incommoder ; mais il ne me fust possible de le per-
» suader ni à son mary ni à elle , qui encore à toute force me
» laisserent partir au bout de huict jours. Vivant avec telle pri-

» vauté avec elle, elle demeura a mon coucher fort tard et y
» eust demeuré davantage, mais elle faisoit chose peu commune
» a personnes de telle qualité ; ce qui toutesfois témoigne une
» nature accompagnée d'une grande bonté. Elle nourrissoit son
» petit fils de son lait, de sorte qu'estant le lendemain au festin
» assise tout auprès de moy à la table, qui est le lieu où ceux
» de ce paiis-là se communiquent avec plus de franchise,
» n'ayant l'esprit bandé qu'à mon but, qui n'estoit que d'avan-
» cer le dessein de mon frère, elle parée et toute couverte de
» pierreries et de broderies, avec une robille à l'espagnole de
» toile d'or noire, avec des bandes de broderie de canetille d'or
» et d'argent et un pourpoint de toile d'argent blanche en bro-
» derie d'or avec de gros boutons de diamant (habit approprié
» à l'office de nourrice) l'on luy apporta à la table son petit-fils,
» emmaillotté aussi richement qu'estait vestu la nourrice pour
» lui donner à taitter. Elle le met entre nous deux sur la table,
» et librement se déboutonne baillant son tetin à son petit : ce
» qui eust esté tenu a incivilité a quelqu'autre : mais elle le
» faisoit avec tant de grace et de naïveté comme toutes ses
» actions en estaient accompagnées qu'elle en reccut autant de
» louanges que la compagnie de plaisir.

» Les tables levées, le bal commença en la salle mesme que
» nous estions, qui estait grande et belle (1).

» Le bal estant fini nous allasmes ouïr vespres aux chanoi-
» nesses qui est un ordre de religieuses de quoy nous n'avons
» point en France. Ce sont toutes Damoiselles que l'on y met
» petites pour faire profiter leur mariage jusques a ce qu'elles
» soient en âge de se marier. Elles ne logent pas en dortoir,
» mais en maisons séparées, toutesfois toutes dans un enclos
» comme les chanoines, et en chaque maison il y en a trois ou
» quatre ou cinq ou six jeunes avec une vieille, desquelles
» vieilles il y en a quelque nombre qui ne se marient point ni
» aussi l'abbesse (2). Elles portent seulement l'habit de religion
» le matin au service de l'église et l'apres dince a vespres ; et
» soudain que le service est fait elles quittent l'habit et s'habil-

(1) Nous passons la longue conversation qui eut lieu entre Marguerite
et la comtesse de Lalaing, au sujet de la tyrannie espagnole dont le pays
de Flandre désirait s'affranchir.

(2) « *Ni aussi l'abbesse.* Ces chanoinesses n'avaient point d'abbesse.
» C'était une prévôte qui était à la tête du chapitre. »

» lent comme les autres filles à marier, allans par les festins et
» par les bals librement comme les autres, de sorte qu'elles
» s'habillent quatre fois par jour. Elles se trouvèrent tous les
» jours au festin et au bal et y dansèrent d'ordinaire.

   » Et le jour venu qu'il me falloit partir de cette belle compa-
» gnie de Mons, ce ne fut sans reciproque regret et de toutes
» les dames flamandes et de moy et surtout de la comtesse de
» Lalain, pour l'amitié très grande qu'elle m'avait vouée ; et
» me fit promettre qu'à mon retour je passerois par là. Je lui
» donnoy un carquan de pierreries et à son mary un cordon
» et enseigne de pierreries qui furent estimez de grande va-
» leur, mais beaucoup cheris d'eux pour partir de la main d'une
» personne qu'ils aimoient comme moy. »

Philippe mourut à Valenciennes le 24 mai 1582, dans
son hôtel de la rue de Cardon, et d'après un manuscrit qui repose à la bibliothèque de la ville de Douai,
ayant pour titre : *l'Histoire de Hornes de Davre,* abbé
d'Anchin, par François Debar, le comte Philippe de Lalaing aurait été tué par les ruades de ses chevaux; sa
femme, Dame Darenberg, l'aurait recommandé aux
prières des moines d'Anchin, par des lettres écrites aux
révérends abbés, en les invitant à ensevelir le corps de
son époux avec des cérémonies légères, lesquelles auraient été exécutées le 25 mai 1582, le lendemain de sa
mort, dans l'église de Lalaing, où son corps fut inhumé
avec celui de la comtesse, décédée le 24 février 1611.
On lisait sur leurs tombeaux :

Cy gist messire phle compte de Lalaing doyen des pairs de Hainault
senechal de Flandres sire du pays d'Escornaix baron de Wavrin seigneur de St-Albin en Douay gouverneur capitaine général et grand-
bailli dudict pays et comté de Hainault gouverneur de Vallenchiennes
grand bailly des bois audit Hainault et du conseil destat de sa majesté
catholique quy trespasia le XXIVe jour de mai 1582.

Et dame Marguerite de Ligne ditte d'Aremberghe sa coïnpeigne quy
trespassa le XXIVe jour du mois de febvrier de l'an 1611. Priez Dieu
pour leurs ames.

    Requies cat in pace. Amen.

Le comte Philippe a eu pour enfants:

1° PIERRE-EMMANUEL, mort en bas âge.

2° FRANÇOIS, qui succéda à la seigneurie de Lalaing.

3° MARGUERITE, comtesse héritière de la seigneurie de Lalaing, par suite du décès de son frère François.

4° CHRISTINE, qui épousa Maximilien 1er, comte de Bailleul, baron de Lesdaing et de St-Martin, seigneur de Rocourt.

XVI.

François, 4e comte de Lalaing, fils de Philippe et de Marguerite de Ligne, mourut, ainsi qu'on va le voir par l'inscription ci-après, au collège de Marchiennes à Douai, à l'âge de 12 ans, le troisième jour avant les ides de février 1590. Son corps fut également reçu dans l'église de Lalaing, et on posa sur son tombeau cette épitaphe (1) :

TEXTE :

Piis maniebus D. Francisci comitis Lalani Philippi hœredis filii que scornatiorum dinasiœ, baronis Wavrinii et albinianœ in caluacis clientelœ patroni collegii Marchianensis dum vixit studiosi mnemosyni loco posuit Margareta Arembergica mater.

Terre mori , formose Morine heroas et illos
  Quos Lalanigenum fers super astra genus ?
Ante vicem meritis ieras vertutibus annos
  Ante diem vertus , mors fuit ante diem
Quem phœbum carites , rex nestora patria patrem
  Speravere sibi tres puer unus obiit
3° Idus febvrarii anno Domini M. DXC œtatis suœ 12
  Adrianus de Roulers insulanus mœstus edidit.

TRADUCTION :

Aux manes pieux du seigneur François comte de Lalaing heritier de Philippe et son fils, souverain d'Escornaix, baron de Wa-

(1) Les fragments de cette épitaphe sont aujourd'hui au Musée.

vrin et de la clientelle de St-Albin en Douai, patron zélé, tant qu'il vécut du collége de Marchiennes.

Marguerite d'Arenberg, sa mère, a élevé ce monument comme souvenir.

Devais-tu donc mourir, bel enfant de la Morinie, ainsi que ces héros de la race des Lalaing que tu élevas jusqu'aux astres; avant ton tour tu avais par les vertus devancé les années, et comme tes vertus ta mort eut lieu avant le temps ; celui que les graces espéraient pour leur Apollon, un roi pour son Nestor, la patrie pour son père, en toi seul enfant, tous ils font une triple perte.

Le 3e d'avant les ides de février l'an du seigneur 1590 et de son âge le 12e.

Adrien de Roulers de Lille (1) dans sa douleur a écrit ces vers.

Pendant la minorité de François, 4e comte de Lalaing, le roi d'Espagne entretenait dans le château de Lalaing une garnison qui protégeait le pays d'alentour contre les incursions des troupes de Balagny, gouverneur de Cambrai pour la France. On lit en effet dans des lettres de chevalerie délivrées le 26 juillet 1596 à Elie d'Esclaibes, que celui-ci « estant capitaine d'in- » fanterie avait commandé dans le chateau ville et dé- » pendance de Lalaing et les avait préservé des incur- » sions, attentats et surprises que les mal intentionnés » sortant de la ville de Cambrai par eux occupée, y » désignogent en quoy il s'est montré bien soigneux » de ce qui lui estoit enchargé. »

François, seul enfant mâle du comte Philippe, étant décédé sans postérité, la seigneurie de Lalaing passa à sa sœur la comtesse Marguerite.

XVII.

Marguerite, comtesse héritière du chef de son frère

_____

(1) Adrien de Roulers était professeur de poésie au collége de Marchiennes à Douai.

François, se maria à Florent, comte de Berlaimont, chevalier et doyen de l'ordre de la Toison-d'Or, gouverneur et capitaine-général du duché de Luxembourg, mort en 1620.

Marguerite, femme galante et spirituelle, avait fondé, en 1627, pour des chanoinesses régulières de l'ordre de St-Augustin, le monastère de Berlaymont de Bruxelles, où elle fut inhumée après sa mort, arrivée le 21 février 1650. De son mariage il lui resta deux filles, savoir:

1° Marie-Marguerite, comtesse de Berlaymont, baronne d'Escornaix, morte à Bruxelles le 17 mars 1654, laquelle avait épousé, en janvier 1610, Antoine de Lalaing, comte de Hoochstrate et de Rennebourg, baron de Borrsselem, Zuylen et Leuze, chevalier de la Toison-d'Or, mort sans postérité le 26 septembre 1613 à l'âge de 25 ans; en secondes noces elle épousa, en 1621, Louis, comte d'Egmond, prince de Gavre, chevalier de la Toison-d'Or, grand d'Espagne de la première classe, mort à Saint-Cloud, près Paris, le 27 juillet 1654, dont elle eut deux enfants.

2° Isabelle-Claire, de Berlaimont, comtesse de Lalaing, morte le 9 août 1630, laquelle avait épousé Philippe, comte et prince d'Aremberg et du St-Empire, duc d'Arschot et de Croy, marquis de Montcornet, baron de Sevenbergen et autres terres, chevalier de la Toison-d'Or, grand d'Espagne de première classe. De ce mariage naquirent plusieurs enfants, entr'autres Philippe-François, duc d'Aremberg, d'Arschot et de Croy, chevalier de la Toison-d'Or, gouverneur, capitaine-général, grand-bailli de Hainaut et de Valenciennes, qui succéda à la

seigneurie de Lalaing. Ce seigneur, dans des actes de dernière volonté, chargea ses exécuteurs testamentaires, Monseigneur l'évêque de Gand, Messire Nicolas de Croy et Monseigneur Jean de Mascur, écuyer pensionnaire des états de Haynaut, de faire procéder, après sa mort, à la vente de la seigneurie de Lalaing, qui comprenait :
« Trois villages à clochers, savoir : *Lalaing*, *Bruille* et
» *Ecaillon*, en toute justice haute, moyenne et basse et
» tous droits en dépendant, en rentes seigneuriales de
» diverses espèces, un château, moulins, censes, bois,
» terres labourables, prets, patures et généralement en
» toutes autres parties, appendances, dépendances et
» annexes. » En exécution de cette disposition testamentaire, la seigneurie de Lalaing fut exposée en vente à Tournay en l'hôtel de l'Aigle-d'Or, le 26 mars 1683, à onze heures du matin, sur la mise à prix de 200,000 florins ; après plusieurs enchères successives, l'adjudication de cette seigneurie demeura pour le prix de 240,000 florins à Philippe de Salangre, échevin de la ville de Valenciennes, qui déclara pour command son excellence le duc d'Aremberg, d'Arschot et de Croy, représenté par dame Marie-Henriette de Guisance et de Vergy, duchesse d'Aremberg et d'Arschot, sa mère et tutrice légale. Depuis lors la seigneurie de Lalaing a continué d'appartenir à la famille des princes d'Aremberg.

TROISIÈME PARTIE.

SEIGNEURIE ET COMTÉ DE HOOCHSTRATE (1).

---

i.

Antoine de Lalaing, fils de Josse (2) et de Bonne de la Viesville, dame de Sains, seigneur de Montigny, décoré du titre de chevalier de l'ordre de la Toison-d'Or à Bruxelles en 1506 (3), fut créé premier comte de Hoochstrate par lettres-patentes du 15 juin 1518 (4). Il reçut

(1) Hoochstrate est une petite ville qui anciennement dépendait du marquisat d'Anvers; elle en est éloignée de six lieues, ainsi que de Berghe-Opzoom. Elle a été bâtie vers 1212 par Henri IV, duc de Brabant. Le comté de Hoochstrate comprenait 12 villages.

(2) Voir l'article de Josse de Lalaing, n° 12.

(3) Guicciardin, p. 84.

(4) Ces lettres se trouvent dans Jacques Leroy, p. 339.

cette dignité en l'église de Ste-Gudule à Bruxelles, le 25
novembre suivant, des mains de l'archiduc Ferdinand,
et voici le procès-verbal qui fut tenu à l'occasion de
cette cérémonie :

    « Don Ferdinande d'Austrice, infant d'Espagne, en vertu des
» lettres de pouvoir et commission de son frère le roy catholi-
» que, s'a le jour de Ste-Catherine le 25 du mois de novembre
» 1518 accompagné de plusieurs prelats, comtes, barons, no-
» bles, chevaliers, escuyers et autres gens de bien, en grand et
» notable nombre, trouvé en l'église de Ste-Gudule chef église
» de cette ville de Bruxelles, et illecq apres la grande messe
» célébrée, remonstrance et déclaration faicte bien et au long
» par Monseigneur de Aigny chef du conseil privé du roy, des
» vertus, louanges et mérites dudit Messire Anthoine de Lalaing
» et de ses predecesseurs, ensemble de leurs grands, loyaux et
» continuels services, faicts et exhibez a leurs princes et sei
» gneurs naturels, envers lesquels, et en tous autres leurs
» affaires ils s'estoient tellement portez et conduits quils avoient
» este et sont cognuz renomez tenuz et par tout reputez pour
» chevaliers sans reproche, et lecture aussi faicte tant desd.
» lettres de pouvoir et commission depeschée sur mondit sei-
» gneur, pour ce présent acte, comme de celles de l'erection de
» lad. comté de Hochstrate. Iceluy seigneur a fait venir et ame-
» ner vers luy devant le grand autel de lad. Eglise led. messire
» Anthoine de Lalaing a dextre de deux costez a scavoir du
» coste dextre de Monsr. le comte de Hornes et du coste senestre
» du comte de Meghem sr. de Humbercourt et iceluy Messre.
» Anthoine par lesd. deux comtes pareillement habillé et re-
» vestu de mantheau et surcot appartenant a comte se mist en
» un genouille devant mond. seigneur lequel portant le chapeau
» de comte en sa main en luy disant et proferant en substance
» les motz qui suivent : Messire Anthoine de Lalaing Monsei-
» gneur le Roy catholique Ducq de Brabant pour les causes qui
» ont esté icy recitées et déclarées des vertus et louable conduite
» de vos predecesseurs et de vous, a fait et érigé de vostre
» Baronnie de Hoochstrate une Comté et a cest heure vous cree
» et nomme Comte de Hoschstrate et veut que de tous et par
» tous soiez dorsenavant tenu nommé et réputé pour tel, Et
» en signe de ce en vertu des lettres de pouvoir et commission
» a moy sur ce donnees par Monseigneur le Roy, je vous baille

» ce chapeau de Comte pour en tous lieuz et tous actes pour
» vous et vos successeurs Contes et Contesses de Hoochstrate
» jouyr, et user, des droicts, honneurs, prerogatives, et pree-
» minences dont comtes doivent et ont accoustume de jouyr et
» user, et ces mots ainsi proferes mond. seigneur mist et assist
» led. chapeau de comte sur la teste dudit Comte de Hoochstrate
» lequel bien humblement, et graciensement, remercia le Roy
» et mond. seigneur de l'honneur quilz lui faisoient, et ce fait
» mond seigneur partit de l'église et led. Comte de Hoochstrate
» a dextre comme dessus marchant devant luy se retira à la
» Cour ou led. Comte disna a la table de mond. seigneur habillé
» de sesd. habillements de Comte »

Antoine de Lalaing avait recueilli en héritage la terre
et seigneurie d'Hoochstrate de son épouse Isabelle de
Culembourg, dame dudit lieu, qui la lui avait donnée.
N'ayant point d'enfants de son mariage, il institua pour
son héritier Philippe de Lalaing, son neveu, fils de
Charles Ier, qui plus tard succéda à la seigneurie de
Hoochstrate.

Nous croyons devoir relever l'inexactitude des faits
racontés par Moréri à propos d'Antoine de Lalaing (1). Il
avance qu'il était commandant de Malines en 1566, et
que s'étant rangé du parti des confédérés, il fut, en 1567,
dépouillé de toutes ses dignités et accusé du crime de
lèze-majesté ; que depuis il se trouva à plusieurs batailles, et qu'en 1568 il fut si dangereusement blessé
qu'il mourut le lendemain. Cette narration est fautive,
tant sous le rapport des faits que sous celui des dates :
Antoine, en qualité de chambellan, accompagna Philippe
l'archiduc d'Autriche, lorsqu'il alla, en 1501, prendre
possession des royaumes d'Espagne. Il écrivit même ce

(1) Les articles consacrés aux seigneurs de Lalaing, par Moreri, sont du reste remplis d'erreurs.

voyage (2). Etant de retour en Flandres, il fut nommé chef d'une compagnie des hommes d'armes , conseiller de l'empereur Charles V , son chef des finances et commis à créer les lois de Flandres ; son gouverneur et lieutenant-général de Hollande et Utrecht en 1540.

Sur la foi d'anciens chroniqueurs, nous avions avancé, dans notre première publication, qu'Antoine de Lalaing, pendant qu'il était grand-maître d'hôtel de Madame Marguerite d'Autriche , duchesse douairière de Savoie , gouvernante des Pays-Bas , avait eu des *embrussements* de cette princesse un fils appelé Philippe de Lalaing, seigneur de la Mouillerie Maffle ; ce fait a été vivement combattu par deux hommes éminemment capables, c'est assez nommer M. Le Glay , archiviste du département du Nord à Lille, et M. Arthur Dinaux, historien et homme de lettres à Valenciennes. D'après eux, ce Philippe de Lalaing ne serait pas né des œuvres de Marguerite d'Autriche , mais bien d'Isabeau , bâtarde d'Haubourdin ; il aurait été légitimé par lettres de l'empereur Charles-Quint, en date à Bruxelles du 23 mars 1534 (1). Pour la rectification réclamée , nous ne pouvons mieux faire que de donner ici une lettre écrite par M. Le Glay , à M. le secrétaire-général de la Société d'agriculture , sciences et arts de Douai , le 12 juillet 1849.

Monsieur le secrétaire-général ,

Les Mémoires de la Société centrale d'agriculture ,

(1) Voir *les Archives historiques* , t. 1er de la 3e série, p. 301.
(2) Voir pièces justificatives, n° 15.

etc. , de Douai , année 1847, contiennent une notice curieuse de M. Brassart sur la famille de Lalaing.

Cette notice est digne assurément des éloges que vous-même, Monsieur, lui avez donnés dans votre exposé des travaux de la Société. Mais M. Brassart, pages 319, 331 des *Mémoires* , 55, 67 de la *Notice* tirée à part , déclare nettement que Philippe , bâtard de Lalaing , tige des seigneurs de la Mouillerie et de Masle , vicomte d'Audenarde , était fils de l'archiduchesse Marguerite d'Autriche. Or , je me suis un peu ému de cette atteinte portée à l'honneur de mon héroïne. Marguerite d'Autriche a été dans ces derniers temps , il est bon que vous le sachiez , l'objet de mes soins attentifs , je veux dire de mes études particulières ; je l'ai examinée de près , je l'ai suivie dans sa vie politique et aussi dans sa vie intime. A la fin d'un écrit tout consacré à cette princesse , j'ai dit d'elle : « De tous ces » détails... résulte un ensemble de traits qui expriment » la physionomie de cette femme illustre , sous quelque » face qu'on veuille la considérer. Dans sa vie privée , » nous la voyons fille soumise et dévouée jusqu'au sa- » crifice : rien ne lui coûte lorsqu'il s'agit de servir les » intérêts ou l'honneur de son père, si souvent compro- » mis ; épouse frappée deux fois par la perte la plus » cruelle, elle concilie noblement les douleurs de son » double veuvage avec les devoirs de la résignation » chrétienne , et, nouvelle Arthémise , elle consacre à » l'époux qu'elle pleure le plus splendide mausolée qui » existe aujourd'hui en France ; sœur tendre et affec- » tionnée, elle adopte, pour ainsi dire, d'abord les en-

» fants de son frère, puis ceux de l'une de ses nièces ,
» et fait pour eux tout ce qu'on pouvait attendre de la
» meilleure des mères. »

Si les assertions de M. Brassart au sujet des amours
de Marguerite avec Antoine de Lalaing et des suites qui
en résultèrent étaient bien et duement établies, il y aurait, sinon à me rétracter tout-à-fait, du moins à rabat-
tre un peu de mes éloges. Mais j'avoue que je n'en suis
pas là encore. Le dire de M. Maloteau de Villerode et la
note écrite en marge du livre de Maurice ne sont pas
pour moi des autorités incontestables. Je leur préfère
le témoignage des écrivains contemporains, et je per-
sisterai à honorer *la gente damoiselle* jusqu'à ce qu'on
ait administré contre elle des raisons plus péremp-
toires.

Au surplus, en ce qui touche la naissance de Philippe
de Lalaing , voyons donc s'il n'y aurait pas moyen de
constater légalement le nom de sa mère. Nous avons là
certain *Registre des Chartes* qui pourrait bien nous ren-
seigner à cet égard. Ouvrons ce vaste répertoire, et puis-
qu'il n'offre pas de tables méthodiques, résignons-nous
à le compulser patiemment pour la première moitié du
XVIᵉ siècle.

..... Nous y voici, je crois. Au t. 22, folio CIX verso,
je trouve un acte daté du 23 mars 1534, avant Pâques,
qui déclare que Philippe , bâtard de Lalaing , légitimé
en mars 1523, même registre, t. 20, folio VIIᶜᶜX , verso,
est bien fils naturel d'Antoine de Lalaing et d'*Isabeau*,
bâtarde d'Haubourdin.

Voilà un acte authentique qui , ce me semble, tran-

6

che la question , nonobstant les caquets plus ou moins malicieux d'une tradition incertaine.

Vous jugerez peut-être à propos , Monsieur le secré- taire-général , de mentionner cette petite réclamation dans les prochains Mémoires de la Société , *et vous ferez justice.*

Antoine de Lalaing fit partie des hommes de la cour qui accompagnèrent la princesse de Savoie à Cambrai , en 1529 , pour traiter de la paix avec la régente de France. Ce seigneur mourut en 1540, après avoir fondé l'église de sa seigneurie, où son corps fut inhumé sous un magnifique tombeau placé dans le chœur (1), et sur un côté duquel se trouvait gravée cette épitaphe :

TEXTE.	TRADUCTION.
Quod ante summum altore monumentum est , reconditos habet rineres herois Antony de Lalain domini de Montigny, d'Estrees, de Merbes , etc., ejusque charissimœ conjugis Elisabethœ dominœ de Culembourgo , de Hoochstracten, de Borsaria, quibus invictissimus Carolus V , Rom. imp. aug. anno regni sui tertio, hujus domini Hoochatrani in comitatus concessit erectionem , ipsis primis creatis comitibus, operosum hoc templum, magnis eorum impensis funditus extructum,in canonicorum collegium ordinatum fuit , annivesrarium in eo singulis annis perpetuum celebrandum fundatum,castro autem a	Le monument qui est devant le maître-autel renferme les cendres d'un héros , d'Antoine de Lalaing , seigneur de Montigny , d'Estrées , de Merbes , etc. , et de son épouse bien-aimée Elisabeth , dame de Culembourg , de Hoochstrate et de Borscell , en faveur desquels l'invincible Charles-Quint , empereur des Romains , la IIIe année de son règne , érigea en comté le domaine d'Hoochstrate , et tous deux en furent créés les premiers comtes. Ce temple somptueux , construit par eux de fond en comble à grands frais , a été érigé en collège de chanoines, avec fondation à perpétuité d'un service anniversaire à célébrer

(1) Le dessin de ce tombeau se trouve à la page 313 d'un ouvrage de Jacques Leroy intitulé : *Notitia marchionatus sacri romani imperii hoc est urbis et agri ant verpiensis*, etc.

primis fundamentis instaurato, comitatus prædictus coemptis dominiis, aliis que possessionibus, longe melioris conditionis fuit redditus. Tandem cum memoratus antonius, diversis legationibus functus, Philippo Castellœ regi Maximiliano imperatori, predicto quœ carolo cœsari moderno operam fideliter impendit aurei velleris eques creatus financiarum præfectus, ac Hollandiœ, Zelandiœ, et ditionis trajectensis locum teneus. annorum LX gandavi moritur IIII nonas aprilis, anno M. D. XL ac prædicta Elisabetha a Culemburgo transmissis ad posteros non paucis piarum fundationum, optimorum que operum memorabilibus exemplis. A deo. opt. Max. Jam nata LXXXIX anno et mens. IX Culemburgi, præsentis sœculi incommodis eripitur anno M D LV IV decembris.

chaque année en leur mémoire. Le château ayant été restauré jusque dans ses fondations, le susdit comté se trouva placé dans une condition beaucoup meilleure par l'acquisition de nouveaux domaines et d'autres possessions. Enfin le comte Antoine, chargé de diverses ambassades par Philippe, roi de Castille, par les empereurs Maximilien et Charles-Quint, s'acquitta fidèlement de ces missions, fut créé chevalier de la Toison-d'Or, chef des finances, lieutenant général de S. M. dans la Hollande Zélandaise es dans la province d'Utrecth. Il meurt à Gand, âgé de 60 ans, le IVᵉ jour des nones d'avril 1540. La comtesse Elisabeth de Gullembourg, laissant à ses descendants de mémorables exemples de fondations pieuses et de bonnes œuvres, est, par la bonté de Dieu, à l'âge de 89 ans et neuf mois, enlevée, dans le domaine de Cullembourg, aux traverses de ce monde le IVᵉ jour des ides de décembre 1555.

De l'autre côté du tombeau on lisait une inscription en français, ainsi conçue :

« Cy gist noble et puissant sʳ. Messire Antoine de Lalaing en son vivant premier comte de ceste terre et seigneurie de Hoochstrate, sʳ. de Montigny, chevalier de l'ordre, conseiller et chambellan de l'empereur nostre sire, chef de ses finances, lieutenant-général de Sa Majesté en ses pays de Hollaude et de Utrecht qui trespassa en la ville de Gand le II jour d'avril l'an M CCCC XL. Aussy y gist noble et vertueuse Dame Isabeau de Culembourg comtesse et héritière dudt Hoochstrate Dame du Culembourg, de Borssele et femme légitime dudit sʳ. Messire Jehan de Luxembourg en son vivant aussi chevalier de l'ordre, s: de ville, laquelle trespassa. . . . . (1)

(1) Une inscription presqu'identique à celle-ci a été trouvée dans l'église de la Motte-au-Bois, reproduite sur un marbre

Dans l'église des Clairisses à Hoochstrate, à la partie septentrionale du chœur, a été attachée au mur une lame de cuivre ornée des armes de la famille, sur laquelle on lisait :

TEXTE.	TRADUCTION.
In honorem omnipotentis Dei constructum est hoc templum atque splendidis ornementis decoratum expen. nobili et generosœ duœ, Elisabeth comittissœ hujus dominii de Hoochstr. dnœ de Culemburgo, de Borssalia, etc, viduœ nobilium virorum dominorum Jobis a Lucemburgo dni de ville, et Anthonii de Lalaing comitis prædicti dominii de Hoochstr. dni de Montigni. de Leuze, etc. sacro cœsa. Ma. ordini et non modicœ auctoritati asscriptorum, quœ anniversaria hic perpetuo celebranda fundavit, Vigilias scilicet novem lectionum et missam de requiem in commemorationem animarum prœdictorum dominorum maritorum suorum et suœ. Videlicet domini de ville die XXIᵉ mensis septembris dni comitis de Hoochst. die secunda mensis aprilis et suœ die nona mensis Decem. Requiescant in pace.	Cette église a été construite en l'honneur du Dieu tout-puissant et décorée de splendides ornements aux frais de Dame Elisabeth, comtesse de ce domaine de Hoochstraten, dame de Cullembourg, de Borseel, etc., veuve de nobles hommes Jean de Luxembourg seigneur de ville, et Antoine de Lalaing, comte du susdit domaine de Hoochstraten, seigneur de Montigny, de Leuze, etc., en leur vivant revêtus de l'ordre sacré de Sa Majesté impériale, ainsi que de hautes fonctions, laquelle fonda des anniversaires à célébrer dans cette église, et consistant en des vigiles de neuf leçons et une messe de *requiem* en commémoration de son âme, et de celles de ses dits deux défunts maris, à savoir pour le seigneur de Ville le 21 septembre, pour le comte de Hoochstraten le 2 avril, et pour elle le 9 décembre. Qu'ils reposent en paix.

Au même lieu, sur le pavé, devant le maître-autel, sur une autre lame de cuivre, se trouvait encore cette inscription :

TEXTE.	TRADUCTION.
A nulle plus, Y ne moy autre. Sub hoc sarco recondita sunt	A nulle plus, Y ne moy autre. Ici ont été déposées les entrail-

blanc, ce qui a fait croire à M. De Baecker qu'Antoine de Lalaing pouvait être cité au nombre des anciens gouverneurs du château. (Voir l'*Histoire du château de la Motte-au-Bois*, p. 35.)

intestina nobilis et generosi dni Anthonii de Lalaing primi comitis hujus dominii de Hoochstr. dni de Montigni de Culumburgo de Borssalia , etc. militis ordinis sacræ cæsa.Ma.præfecti financiarum suarum nec non locum tenen. gnalis, comitatus Hollandiæ. Atque nobilis mulieris dnæ Elisabeth a Culemburgo comitissæ prædicti dominii de Hoochstr. quorum alter. sedâ aprilis anno M. DXL altera vero nona die mensis decembris anno M DLV inconstan. nra, fidei ab hoc sæculo sublati sunt. Requies cant in pace. Amen.

les de noble et généreux seigneur Antoine de Lalaing, premier comte de ce domaine de Hoochstrate , seigneur de Montigny , de Culembourg , de Borseel, etc. , chevalier de l'ordre de la Toison-d'Or , chef des finances de S. M. imp. , et son lieutenant-général en son comté de Hollande. Et de noble dame Elisabeth de Cullembourg , comtesse du susdit domaine de Hoochstraten , morts le premier : le 2 avril 1540 , la seconde : le 9 décembre 1555.

Qu'ils reposent en paix.

II.

Philippe de Lalaing, fils de Charles Ier, succéda en 1540, le 2 avril , à la seigneurie et comté de Hoochstrate du chef de son oncle Antoine qui l'avait institué son héritier. Il obtint la décoration de l'ordre des chevaliers de la Toison-d'Or à Utrecht en 1546 (1) ; il était gouverneur du duché de Gueldres et comté de Zutphen. Philippe rendit de notables services à ses princes naturels Charles V , qui le combla d'honneurs et de dignités, et le roi Philippe son fils. En 1543, il commandait une compagnie à cheval composée de 200 hommes (2), et en 1548, après la réforme des bandes ménagères, il eut le commandement d'une compagnie des

(1) Guicciardin , p. 85.

(2) A Bruxelles , en temps de paix , chaque compagnie était dans l'usage de s'exercer au tir à l'oiseau, et celui qui l'abattait était proclamé roi. Jacques Leroy, dans son *Grand théâtre profane*, rapporte que Philippe de Lalaing eut cet honneur en 1527.

bandes d'ordonnances, composée de 40 lances, 39 hommes d'armes, chacun monté de 3 chevaux, et 80 archers. Il mourut en 1555, et fut inhumé en l'église de Hoochstrate, près du grand autel au nord, contre la muraille, sous un magnifique tombeau (1), avec une épitaphe ainsi conçue :

TEXTE.

Sub tumba in medio hujus chori sepulta sunt etiam corpora nobilium D. Philippi a Lalaing, 2 comitis. de Hoogstraeten sub invictissi cœsaris Caroli V ducatus geldricæ gubernatoris generalis nec non domina Annæ ex baronibus de Reynenberck ejus conjugis ; quorum alter ultima junii anno a nativitate Dni M. CCCCC LV. altera vero post fundationem duorem anniversariorum perpetuis temporibus in hoc templo in animarum ipsorum salutem celebrandorum... die mensis... Anno M. CCCCC ab hoc sœculo sublati sunt.

TRADUCTION.

Sous une tombe, au milieu de ce chœur, ont été aussi ensevelis les corps de nobles personnages Philippe de Lalaing, deuxième comte de Hoochstraten, gouverneur général du duché de Gueldres sous l'invincible empereur Charles-Quint, et de son épouse Anne, issue des barons de Renneubourg, lesquels moururent le premier l'an de la naissance de N. S. 1565 le dernier jour de juin, la seconde, après avoir fondé à perpétuité deux anniversaires à célébrer dans cette église pour le salut de leurs ames, l'an M. CCCCC. (*Pas d'indication, ni de mois ni de jour*).

Philippe avait épousé, en 1532, Anne de Rennebourg, ci-devant chanoinesse à la Thore, fille héritière de Guillaume, comte de Rennebourg, et de Cornélie de Culembourg, sœur d'Isabelle, dame de Culembourg, avec laquelle il eut :

1° MARGUERITE, mariée à Philippe de Ligne, comte de Fauquemberg, baron de Wassenaer et de Bellœil, vicomte de Leyden, seigneur de Montreuil et autres terres,

(1) Le dessin de ce tombeau se trouve aussi dans l'ouvrage déjà cité de Jacques Leroy.

chevalier de la Toison-d'Or, chambellan du roi, mort en 1583 et sa femme en 1598. Leurs corps furent inhumés en l'église paroissiale de Bellœil en Hainaut.

2° Cornélie, mariée à Guillaume de Hamal, baron de Monceaux, décédée le 15 novembre 1610.

3° Barbe, mariée à Maximilien, comte d'Aost-Frise et seigneur de Durby, chevalier de la Toison-d'Or.

4° Anne, chanoinesse à la Thore.

5° Jacqueline, chanoinesse à Mons.

6° Antoine, qui succéda à la seigneurie de Hoochstrate.

7° George, comte de Rennebourg, baron de Ville, gouverneur de Frise, se distingua par sa valeur pendant les troubles des Pays-Bas dans le XVIe siècle. Comme la plupart des nobles, il embrassa le parti des *confédérés*. Les états-généraux le nommèrent gouverneur de la Frise et du pays d'Overyssel. A peine était-il arrivé dans son gouvernement qu'il s'empara de Campen et de Deventre, et peu de temps après on lui confia l'administration générale des finances. Jusqu'à cette époque, George de Lalaing rendit d'incontestables services aux *confédérés;* mais la sizanie s'étant mise parmi eux, il trouva des sujets de mécontentement. D'un autre côté, le prince de Parme ne négligea rien pour détacher du parti des états un seigneur dont les talents et l'influence pouvaient être utiles à la cause des royalistes. Des manœuvres, habilement combinées, jointes à de brillantes et séduisantes promesses, déterminèrent George de Lalaing à rentrer sous l'obéissance de l'Espagne. Il remit au prince de Parme les places dont il était en possession, au nombre desquelles se trouvait Groeninghe, dont il venait de se rendre maître le 11 juin 1579. Cette défection, dit M. Diégérick, ne profita guère à son auteur, qui mourut peu de temps après en proie aux regrets d'avoir terni sa glorieuse réputation par une action indigne. M. de Thou fut moins sévère dans ces quelques mots : « George » fut regretté également des deux partis. C'était un » homme doux, poli, zélé pour la discipline militaire, » brave, libéral, magnifique, même au-delà de ses » forces, ennemi de la violence, de la cruauté et de » l'ivrognerie. Il mourut sans avoir jamais été marié, » le 22 juillet 1681. (1). »

III.

Antoine, fils de Philippe, succéda, en 1555, après la mort de son père, à la seigneurie de Hoochstrate. Il fut nommé chevalier de la Toison-d'Or à Gand en 1559 (2). Il était chef d'une compagnie d'hommes d'armes et se distingua par sa valeur et sa capacité; ayant quitté son pays pour se joindre à Guillaume, prince d'Orange, il reçut, dans sa première expédition au combat de Ton-

(1) L'ouvrage de M. Diégérick, t. 1, p. 44 et 114, renferme deux lettres de George de Lalaing aux États généraux, des 20 novembre 1578 et 8 février 1579. M. Bigant en possède une autre, datée de Bruxelles, 3 avril 1575, adressée à M. de Cappre à Cambrai, laquelle se termine par ces quelques mots de la propre main de George : « Le bien affectionné a vous complaire » et servir. George de Lalaing. »

(2) Guicciardin, p. 86.

grcs, décembre 1568, une blessure au pied qui lui occasionna la mort. Ce seigneur épousa Eléonore de Montmorency, veuve en premières noces de Ponce ou Ponthus de Lalaing (1), seigneur de Bugnicourt, comtesse de Hornes, fille de Joseph, baron de Nevèle, et de dame Anne d'Egmond.

De ce mariage sont nés : 1° Anne, mariée à Guillaume de Montmorency, seigneur de Thoré, Dangu, Savoisy, etc., chevalier de l'ordre de St-Michel, colonel-général de la cavalerie légère de Piémont. Il mourut en 1592.

2° Marguerite, mariée à George, seigneur de Chateaubrehan en Lorraine.

3° Guillaume, qui succéda à la seigneurie de Hoochstrate.

4° Charles, qui, à son tour, succéda à la même seigneurie après la mort de son neveu Antoine, fils du précédent.

5° Philippe-Herman de Lalaing, prévôt de Nivelle et chanoine de Liége.

IV.

Guillaume, fils d'Antoine, succéda à cette seigneurie après la mort de son père. Il se maria en 1587 avec Christine d'Egmond, créée duchesse de Bournonville en France et grande en Espagne, fille de Lamoral, comte d'Egmond, prince de Gavre, de laquelle il eut un enfant unique nommé Antoine, qui succéda, à son tour, à la seigneurie de Hoochstrate. Guillaume mourut en 1590, et sa veuve en 1622.

(1) Voir la notice ci-dessus, n° 13, de la 2e partie.

V.

Antoine, fils de Guillaume, était chevalier de l'ordre de la Toison-d'Or, et gentilhomme de la chambre de l'archiduc d'Autriche. Il avait épousé, en janvier 1610, Marguerite, comtesse de Berlaimont (1), et mourut sans postérité le 26 décembre 1613, à l'âge de 25 ans (2).

VI.

Charles, fils d'Antoine et d'Eléonore de Montmorency, succéda à la seigneurie de Hoochstrate du chef de son neveu Antoine, mort sans postérité. Il était comte de Hoochstrate, de Hornes et de Rennebourg, baron de Leuze et d'Achicourt, chevalier de l'ordre de la Toison-d'Or. C'est à l'occasion de cette dignité qui lui fut conférée par Philippe IV, roi d'Espagne, que la jeunesse de la compagnie de Jésus fit représenter une pièce en 5 actes, où sont mises en relief les vertus des comtes de Lalaing, ses aïeux (3). Charles devint gentilhomme de la chambre de l'archiduc, premier commissaire aux renouvellements des lois de Flandres, gouverneur et grand-

(1) Fille de Marguerite de Lalaing, et qui, en secondes noces, avait épousé Louis, comte d'Egmond, prince de Gavre (voir la notice n° 17 de la 2ᵉ partie).

(2) M. Bigant possède aussi une lettre datée de Rome, 26 octobre 1607, écrite par Antoine de Lalaing à la princesse de Mansfeld, duchesse douairière de Bournonville à Bruxelles. Cette lettre, par sa date, doit appartenir à ce seigneur. Elle est intéressante en ce qu'Antoine supplie la princesse de lui assurer les fonds nécessaires à son retour à Bruxelles, si elle veut recourir à ses services.

(3) Imprimée à Tournay par Adrien Quinque, en 1622.

bailli de Tournay et Tournesis, et par trois diverses lettres-patentes de 1624, gouverneur et capitaine-général
du pays et comté d'Artois, de la ville et cité d'Arras et
conseiller du Conseil-d'État; il était au nombre des
chevaliers de l'ordre de la Toison-d'Or qui assistèrent
à la grande cérémonie religieuse célébrée en 1621,
après la mort de l'archiduc Albert (1), et mourut à Arras le 3 octobre 1626. Il avait épousé, en 1607, Ale-
xandrine de Langlé, dite de Wavrin, fille et héritière
de Jacques, baron de Pecque et de Heyne, et de dame
Jacqueline de Recourt, dite de Licques. De ce mariage
sont nés :

1º JACQUELINE, mariée à Philippe de Mérode, comte
de Middelbourg, et en secondes noces à Gillion-Othon,
marquis de Trazegnies.

2º, 3º et 4º MARIE-MARGUERITE, ELÉONORE et PHILIP-
POTE, religieuses aux dames de Berlaimont.

5º ISABELLE, chanoinesse à Ste-Waudru, à Mons.

6º ALBERT-FRANÇOIS, qui succéda à la seigneurie de
Hoochstrate.

7º PIERRE-JACQUES-PROCOPE, comte de Rennebourg,
baron d'Achicourt, qui se maria avec dame Marie ou
Florence de Renesse, fille de Réné, comte de Warfusée,
et de dame Albertine d'Egmond, baronne de Gaesbeck,
et dont il ne laissa qu'une fille, *Marie-Jacqueline*, mariée
en 1674 à Philippe-François, prince de Berghes, cheva-

(1) Il occupait le 7ᵉ rang, d'après la description de la pompe
funèbre de l'archiduc Albert, par Jacques Francquart, ayant
pour titre : *Pompa funebris optimi potentissimi q. principis
Alberti P. II, archiducis austriæ ducis Bury. Bra. etc.*, p. 66.

lier de la Toison-d'Or , grand-bailli et officier-souverain
de Hainaut, le 8 juillet 1690, et gouverneur de Bruxelles en 1698. Il mourut le 12 septembre 1704 , et sa
femme était décédée le 5 janvier 1685.

Nous avons trouvé dans Maucice (1) une note écrite
en marge de la page 28 , ainsi conçue : « 27 septembre
» 1689. Je regrette de tout mon cœur que cette maison
» (en parlant de la famille des Lalaing) , va se perdre
» absolument après la mort de M. le comte de Renne-
» bourg , qui a plus de 70 ans , et qui est un des plus
» grands hommes des Pays-Bas, » et à la page 205 celle-
ci : « C'est dommage que cette brave et illustre maison
» de Lalaing aille s'esteindre. Il n'y a plus que le comte
» de Rennebourg , âgé de 80 ans , qui en soit. Ce
» seigneur m'a fait toujours l'honneur de m'aimer , il
» est encore plein de vie et gouverne la ville de Bruges
» en la présente année 1692. » Ces deux notes donnent
la certitude que l'illustre famille des Lalaing s'éteignit ,
pour la seigneurie et comté d'Hoochstrate , après la
mort de Pierre-Jacques-Procope, comte de Rennebourg,
qui survécut très probablement à son frère *Albert-
François* , seigneur de Hoochstrate , et à son neveu
François-Paul, seul enfant mâle de ce dernier, qui mourut sans postérité, ainsi qu'on va le voir dans l'article
suivant.

VII.

Albert-François , en sa qualité de fils aîné , suc-

(1) L'exemplaire faisant partie de la Bibliothèque de la ville
de Douai.

céda à la seigneurie de Hoochstrate après la mort de son père. Il fut gouverneur et capitaine-général du pays et comté d'Artois ; il s'allia , en 1628 , à dame Marie-Claire , comtesse héritière de Bailleul , fille aînée de Maximilien comte de Bailleul et de St-Martin, baron de Lesdaing , et de dame Christine de Lalaing (1) , et en secondes noces, en 1638, à dame Isabelle-Marie-Magdeleine de Ligne , fille de Messire Albert prince de Barbençon, et de dame Marie de Barbençon.

Albert-François de Lalaing , comte de Hoochstrate , décéda en 1643 à St-Omer , laissant de son premier mariage FRANÇOIS-PAUL , mort le 21 juin 1691 sans avoir été marié, et du second : DOROTHÉE-ALBERTINE, morte en bas-âge, et MARIE-GABRIEL , héritière de son frère , qui épousa Charles-Florentin Wild et Rheingrat de Daun et de Kirbourg , comte de Salm , baron de Tournebu, seigneur de Neufville , gouverneur de Breda , qui succéda à la seigneurie de Hoochstrate.

Ici se termine la série des descendants de l'illustre famille des Lalaing ; il nous reste à donner, dans une 4° partie , la branche des Lalaing de la Mouillerie et de Maffle , vicomtes d'Audenarde , qui , d'après l'histoire , devrait son origine à Antoine de Lalaing , comte de Hoochstrate , et à Isabeau, bâtarde d'Haubourdin.

---

(1) Voir la notice 15 ci-dessus, 2° partie.

QUATRIÈME PARTIE.

SEIGNEURS DE LA MOUILLERIE ET DE MAFFLE,

Vicomtes d'Audenarde

ET COMTES DE LALAING D'AUDENARDE.

I.

Philippe de Lalaing, fils d'Antoine de Lalaing, comte de Hoochstrate, et de Isabeau, bâtarde d'Hau-bourdin, légitimé en mars 1523 (1), fut dès son jeune âge maître d'hôtel de la gouvernante Marguerite, puis ambassadeur extraordinaire de son empereur à la cour de France, François Ier. C'est dans une visite à la com-

(1) Et non en mars 1534, comme nous l'avons dit plus haut. p. 65.

tesse douairière de Charles de Lalaing , Jacqueline de Luxembourg, sa tante, en son château à Audenarde , que Philippe de Lalaing vit pour la première fois la jeune Florence Van Rechem. Il en devint éperduement amoureux et l'épousa en août 1527. Elle était fille et unique héritière de Josse de Rechem , vicomte d'Audenarde, seigneur de Kerchove et de Bolancy , et de dame Barbe Stommelin. Le contrat de mariage fut passé devant le collége des échevins, le 12 août 1527 (1), en présence de Messire Philippe Stommelin , grand-père maternel de Florence , de Nicolas de Savary , son beau-père, et l'un des tuteurs et de quelques autres parents. Le comte Antoine de Lalaing de Hoochstrate , père de Philippe , s'était fait représenter par maître Roland de Baillet, son secrétaire (2).

Nous croyons qu'à l'occasion de ce mariage, Phillppe de Lalaing fut doté par son père des seigneuries de la Mouillerie et de Maffles. C'est du moins depuis cette époque qu'il est qualifié de seigneur de ces lieux , dans les documents de l'hôtel-de-ville d'Audenarde. Le con-

(1) Il serait très intéressant de pouvoir se procurer ce contrat de mariage qui repose aux archives de la ville d'Audenarde , afin de bien connaître les noms et qualités qui ont été donnés à Philippe de Lalaing ; mais toutes les démarches que nous avons pu faire à cet égard sont restées sans résultat. Ce contrat doit jeter un grand jour sur sa naissance et sa légitimation, et nous regrettons bien sincèrement que M. Van der Meersch , ne l'ait pas donné dans sa notice sur la vicomté d'Audenarde , publiée dans le *Messager des sciences historiques de Belgique* , année 1848, p. 417.

(2) *Messager des sciences historiques de Belgique,* année 1848, p. 438.

trat de mariage ne lui donne que le seul titre de maître-
d'hôtel de l'archiduchesse Marguerite.

Avec lui commence la branche de Lalaing de la Mouillerie. Il porta les armes de sa famille auxquelles sa postérité plaça le chevron de sable de Van Rechem.

De son mariage avec dame Florence de Rechem seraient nés :

1° Anne, religieuse en l'abbaye de la chambre, près
de Bruxelles.

2° Hélène, religieuse en l'abbaye de Ghilenghien.

3° Antoinette, mariée le 12 septembre 1563 à Gérard de Seclin, seigneur d'Herpelghem, fils de Pierre,
chevalier, et de Jeanne Vander Schaegen. En 1558,
elle était demoiselle d'honneur de la comtesse de Hoochstrate, sa cousine germaine.

4° Isabelle ou Isabeau, mariée à Louis de Poyvre,
chevalier, seigneur de Houssoye, fils de Jean, seigneur
de Hellebus, et d'Agnès de Heurne. Isabelle décéda en
1608 et son mari en 1592.

5° Jacques, fils aîné, qui succéda à la seigneurie.

6° Philippe, seigneur de Kerckove, qui s'allia à Jacqueline de Seclin, fille de Richard, seigneur de Prévre,
Alincourt, Brunémont, et de dame Charlotte de Wer-
chin. Ces derniers eurent pour descendants *Philippe*,
qui épousa Françoise Othonedo, fille de François et
de Françoise d'Aranda ; à la mort de Philippe, sa veuve
se remaria avec François Triest, seigneur de Raves-
chot. *Michel*, qui se maria dans le pays de Hesse. *Chrestienne*, religieuse à Sion, en la ville d'Audenarde.
Charles, *Gérard*, *Jean* et *Florence*, tous quatre morts
en célibat.

7° Antoine , seigneur de Bolancy , lequel épousa
Marie de Baronage , fille de Guillaume , seigneur de
Crainhem, Dierdoncq, et de Catherine Vandenheetvelde,
fille de Thierry et de Mathilde Dans. Leurs enfants
furent *Chrestien* de Lalaing , mort en célibat à Prague ,
au service de l'empereur ; *Philippe* et *Jeanne* de Lalaing,
morts sans héritiers.

II.

Jacques, vicomte d'Audenarde , fut plusieurs fois
chargé par les Etats de missions diplomatiques importantes; il devint colonel d'infanterie au service de Philippe
II , roi d'Espagne. Il avait épousé en premières noces
dame Marie d'Enghien , héritière de Santberghe et de
Beavolers, fille de Virgil et d'Agnès de Berchem , de laquelle il eut neuf enfants, savoir :

1° Catherine, épouse de Philippe du Chastel , baron
de Permes , grand-bailli de Wavrin , commissaire aux
renouvellements des lois à Lille.

2° Charles , qui succéda à la seigneurie.

3° Philippe , mort en célibat.

4° Jaspard ou Gaspard, capitaine des gardes du prince
d'Orange , gouverneur d'Utrecht , lequel se maria avec
dame de Gesten , et fut tué au siège de Tournay en 1581.

5° Louis , qui se maria en France avec Françoise Du
Guesclin , appartenant à la maison de Bertrand Du Guesclin , connétable de France. Il en eut Pierre-Hippolyte
de Lalaing, qui devint échevin de la ville de Bruxelles ,
après y avoir été reçu dans les sept nobles familles pri-
vilégiées. Il décéda en juin 1634.

7

6° Jean, religieux à l'abbaye de St-Pierre à Gand.

7° Ferry Servais, capitaine au régiment du duc de Parme, mort en célibat.

8° Simon, seigneur de Reneghelt, aussi capitaine, mort en célibat.

9° Enfin Jacques, seigneur de Nillabez, qui s'allia à Charlotte Hinckaert, dame d'Ochain et de Corbaix, et fille de Messire Jean, chevalier, seigneur desdits lieux, grand veneur de Brabant, et de dame Lucrèce Vanderaa. Ses enfants furent : *Jeanne*, *Florent* et *François*, morts en célibat, *Guillaume*, seigneur d'Ochain et de Corbaix, qui, de son épouse, Marie de Landas, ne laissa qu'une héritière *Marie-Philippine*, dame d'Ochain et de Corbaix, mariée à Messire Jean-Baptiste Hellin, vicomte d'Hanyest, seigneur de Wassenhoue. En secondes noces, Jacques de Lalaing épousa Anne de Chasseler, veuve de Josse Vander Meere, seigneur de Voorde; leur contrat de mariage fut passé devant le collége des échevins d'Audenarde, le 5 novembre 1574. De ce mariage il n'y eut pas d'enfants. Jacques de Lalaing décéda à Alost le 4 mai 1579.

III.

Charles, vicomte d'Audenarde, seigneur de Santerghe, de Kerchove (1), épousa en 1587 dame Catherine

(1) Charles de Lalaing ne fut pas longtemps possesseur de la seigneurie de Kerkove. Pour raison de famille, sans doute, la douairière de Philippe de Lalaing, sa grand'mère, la vendit en septembre 1585. Voici un extrait de la minute échevinale de cette vente, reposant en l'hôtel-de-ville d'Audenarde :

de Fourneau, fille de Charles, comte de Cruyckenbourg, seigneur de Wambeck, Lombeck, Ternac , et de Marie De Gheyn. Il mourut le 2 avril 1632, et sa femme, le 4 août 1648. Ils furent inhumés dans le chœur de l'église de Santlerglo. De ce mariage , il y eut neuf enfants , savoir :

1° JEAN , mort en bas-âge.

2° FERRY SERVAIS, qui succéda à la seigneurie.

3° FLORENCE, mariée à Messire Michel Tseraerts, chevalier , seigneur de Ramelo , fils de Jean Tseraerts , Haenkenshoot , et d'Agnès de Hamal, ou à François de Plaines , seigneur de Maffle et de Terbrugge , fils de Louis et d'Anne Vandervorst.

4° MARGUERITE , épouse de Philippe Ruyckrock , seigneur de Werve , fils de David et de Barbe Chassey.

« Comparut, en sa personne, dame Florence de Rechem, vefve de Messire Philippe de Lalaing , chevalier, seigneur de la Mouillerie, et recognut de sa franche et libre voluité que le viᵉ jour du mois d'aoust dernier, Jehan Flinois.... demourant à Lille , auroit comme procureur especial delle dame comparante et de Loys de Poyvre, escuier, lors tutteur de Charles de Lalaing , escuier seigneur de Zantberghe, nepveu en ligne directe dicelle comparante , en vertu de lettres procurations passées pardevant les bourgmaistre et eschevins de la ville d'Audenarde, vendu, par forme de mise à pris, à M. Claude Miroul , premier conseillier de ladicte ville de Lille , la cense, fief et seigneurie de Kerchove , séant et s'extendant en la paroisse de Rechem , chastellenie de Courtray , et tenu du seigneur dudict lieu, procédant du lez et costé dicelle dame comparante et par elle donnée à feu Jacques de Lalaing , escuier , sgr. dudict Zantberghe, son fils, et père dudict Charles, *en advanchement , et aultrement , sans touttes fois s'en estre dessaisié judiciairement.* Se comprenant icelle cense et seigneurie vingt cincq bonniers et demy de gros de fief, etc. Actum le XXIII de septembre XVᵉ IIIj˟˟ V (1585). Signé PHILIPPE de Seclin. » (*Messager de Belgique*, 1848. p. 444.)

5° Anne, épouse de Thomas Edouarts, chevalier, d'origine anglaise, colonel d'infanterie au service de Philippe IV, roi d'Espagne.

6° Françoise, mariée à Hinckaert, seigneur de Bergh.

7° Marie, abbesse de Ghilenghien.

8° Jeanne, religieuse en la même abbaye.

9° Et Catherine, fille dévote.

IV.

Ferry Servais, vicomte d'Audenarde, se maria avec Marie-Anne Vandernoot, fille de Messire Jacques, baron de Kiesecom, chevalier, seigneur de Kieseghem Vylius de Grutere, seigneur d'Yedeghem, fils d'Antoine-François et de Corneille d'Yedeghem, et de dame Catherine Taye. Leurs enfants furent :

1° Jacques, qui succéda à la seigneurie.

2° Catherine, mariée en premières noces avec Vylius de Gentere, seigneur d'Ideghem, puis avec Messire Vratislas d'Hembiese, vicomte de Courtray, seigneur d'Ogierlande.

3° Charlotte-Agnès, femme de Messire Alexandre Weinsone, seigneur de Fraulez.

4° Florence, épouse de Don Gaspard de Ramirez, capitaine d'infanterie espagnole dans le régiment du prince de Ligne.

V.

Jacques, vicomte d'Audenarde, fut dans son jeune âge page de la reine Christine de Suède, ensuite capitaine de cavalerie en 1720 au service de S. M. C. Il épousa en

premières noces dame Marie-Thérèse Rym , fille de
Charles , baron de Bellem , seigneur de Segeuvelt et
d'Elkeubecke , commissaire au renouvellement des lois
en Flandre , et de dame Marie Rodrigue d'Evora J.
Weiga , et en secondes noces dame Florence-Claudine
Damman, fille de Charles, seigneur d'Hemelverdighem.
De ce second mariage il n'eut point d'enfants ; ceux du
premier sont :

1° CHRESTIEN , mort en bas âge.

2° MAXIMILIEN-JOSEPH , qui succéda à la seigneurie
après la mort de son père.

3° Dom LOPO-MARIA-CAROLO, dit le comte de Lalaing,
capitaine des grenadiers de la garde wallonne , lieute-
tenant-général au service de S. M. catholique, capitaine-
général de l'Estramadure , vice-roi de Majorque , mort
à Madrid le 14 janvier 1743, à l'âge de 63 ans. Il épousa,
le 10 février 1731 , Mathiasine de Calacans y Abarca ,
morte le 10 février 1770 , et fut père de deux enfants :
Brigitte-Bruno-Marie-Charlotte-Thérèse, née en Espagne le 8 octobre 1733 , mariée en 1753 à Pierre Dioz
de Mendoca, marquis de Fontanar ; et Bruno, enseigne
de la compagnie des gardes-du-corps flamands, colonel
de cavalerie, commandeur de l'ordre de Calatrava ; il
épousa, 16 mars 1769, Marie Gaëtane de la Cerda y Vera,
dont il a eu des enfants qui perpétuent jusqu'aujour-
d'hui le nom de Lalaing en Espagne.

4° FRANÇOISE-CHARLOTTE, morte en 1743 , mariée à
Messire Hippolyte-Ferdinand, marquis Della Faille, maréchal de camp des armées de Philippe V, roi d'Espagne, grand-bailli de Gand en 1708, fils de Jean-Baptiste

et de Barbe Triest, dame d'Overacker, mort le 24 novembre 1722.

5° MARIE-LIVINE, religieuse au grand Bigard, morte le
8 juin 1736, à l'âge de 62 ans.

6° CATHERINE, morte en mai 1731, mariée à Jacques-
Maximilien Van der Meere, seigneur de Voorde, fils de
Maximilien-François et de Marguerite-Thérèse Peeters,
dit Stommelins.

VI.

Maximilien-Joseph de Lalaing (1), créé comte suivant lettres-patentes délivrées à Vienne le 6 avril 1719,
par l'empereur Charles VI, avec autorisation d'appliquer
titre sur les terres et seigneuries qu'il trouvera convenir ; ce vicomte d'Audenarde et seigneur de Santbergen
fut reçu à l'état noble de Brabant le 6 octobre 1707, sous
le titre de comte de Thildonck et élu député ordinaire du
corps de noblesse, le 13 janvier 1711 ; gouverneur de la
ville et banlieue de Lierre, par lettres-patentes du 23
septembre 1712, en place de Charles-Thierry, baron,
puis marquis de Winterfelt ; ensuite gouverneur et
grand-bailli de Bruges et du pays de Tranes', général-
major au service de S. M. I. et catholique ; surintendant
de la gendarmerie de la province de Flandre ; conseiller-
d'État intime de L. A. R. ; conseiller-d'État d'épée au
gouvernement des Pays-Pays Autrichiens, et général
d'artillerie de leurs armées. Il épousa, en premières no-

(1) Nous devons la fin de cette 1° partie à l'obligeance de M. le
comte François de Lalaing d'Audenarde, résidant à Bruxelles.

ces, le 12 juin 1703, Marie-Catherine Larchier, comtesse de Thildonck, fille unique et héritière de Charles et de Marie-Françoise Dennelière, fille de Jean-Baptiste et de Catherine Vandercammen, dame de Thieldonck, arrière-petite-fille de Charles Larchier, fils de Philippe et de Marguerite Vrance et de Marie De Poller. Elle mourut le 25 juin 1709. En secondes noces, en mars 1726, Digne Vandenhove, dame de l'ordre de la Croix-Étoilée, par réception du 5 mai 1747, fille de Jean-Charles-Nicolas et d'Anne-Marie-Rose, petite-fille de Jean-Augustin et d'Anne-Marie Hellemant, et arrière petite-fille de Jean Vandenhove, fils de Jean et de Marie Vandencruyce, et de Digne de Deekere.

Maximilien-Joseph de Lalaing fut autorisé par S. M. impériale Marie-Thérèse, suivant lettres-patentes datées de Vienne du 4 janvier 1749, à surmonter ses armoiries d'une couronne à cinq fleurons et à les placer dans un manteau d'hermine. Il mourut à Bruxelles le 19 avril 1756, âgé de 75 ans. Il eut de sa première épouse :

1° CHARLES-PHILIPPE-JOSEPH, comte de Lalaing, qui succéda à son père.

2° HÉLÈNE-JACQUELINE, mariée le 5 février 1736 à François-Albert Della Faille, son cousin-germain, baron de Huysse, et fils de Ferdinand-Philippe et de Charlotte-Françoise de Lalaing.

3° CHARLOTTE de Lalaing, morte en célibat le 10 janvier 1768, inhumée dans la paroisse de St-Michel à Gand.

De sa deuxième épouse il eut :

1° EUGÈNE-FRANÇOIS-THÉRÈSE-FABIEN de Lalaing, vicomte d'Audenarde, qui fut tenu sur les fonds baptismaux en 1726, par S. A. sérénissime le prince Eugène de Savoie , et madame la comtesse de Visconti; il fut page de l'archiduchesse Marie-Elisabeth, en 1740, chambellan de l'impératrice-reine en 1750 , et épousa , en premières noces , Marie-Anne de Lacosta , morte le 14 septembre 1774, fille de Jean et de Marie-Gabrielle de Draeck , de laquelle il eut Maximilien-Joseph, capitaine de dragons au régiment de Saint-Ignon, mort en célibat le 18 novembre 1766, à l'âge de 21 ans ; et en secondes noces, à Paris, le 12 avril 1777, Agathe-Sophie De Peyrac, née le 20 avril 1759, fille de Jean-Joseph et de Louise-Françoise Boisgoulier des Opperrures; il mourut en 1806, laissant un fils de ce second mariage, nommé Charles-Eugène, comte de Lalaing d'Audenarde , né à Paris, le 13 novembre 1779, pair de France, lieutenant-général , grand'croix de la Légion-d'Honneur ; il a pour épouse Julienne, comtesse Dupuy, de laquelle il n'a pas d'enfant.

VII.

Charles-Philippe-Joseph, comte de Lalaing et de Thildonck, seigneur de Sanlbergen, etc., etc., chambellan de l'archiduchesse Marie-Elisabeth , en 1740, et de l'impératrice-reine en 1744. Il épousa en premières noces, le 13 septembre 1734, Marie-Camille de Beer, morte le 29 décembre 1743 , fille de Philippe-Joseph et de Marie-Anne d'Overloope , et en secondes noces , le 7 février 1758 , Marie-Anne-Joseph-Huberte-Isabelle de Nollet de Bardimont, dame de la Croix-Étoilée, fille de Nicolas-Joseph , baron de Nollet , morte le 13 octobre

1790, dont il n'eut pas d'enfants. Il mourut à Paris le 10 août 1776, laissant, de son premier mariage, Maximilien-Charles-Joseph, qui suit.

VIII.

Maximilien-Charles-Joseph, comte de Lallaing et de Thildonck, seigneur de Sansbergen, etc., etc., fils du précédent, fut page du duc Alexandre de Lorraine en 1749, chambellan de leurs Majestés impériales, royales et apostoliques, major au régiment de St-Ignon, puis lieutenant-colonel au même régiment et admis à l'État noble du Brabant le 11 mars 1777.

Il épousa, dans l'église de St-Bavon à Gand, le 15 novembre 1764, Anne-Marie-Philippote de Draeck, dame de l'ordre de la Croix-Étoilée, par promotion du 3 mai 1768, et dame du palais de l'archiduchesse Marie-Christine, gouvernante des Pays-Bas, fille de Frédéric-François et de Marie-Lucie Gage.

Il mourut à Bruxelles le 20 février 1789, et de son mariage il eut :

1° ANNE-MARIE - FRÉDÉRIQUE - FRANÇOISE - ROSALIE-GHIS-LAINE de Lalaing, née le 4 septembre 1765, installée chanoinesse de Nivelles le 11 juin 1771, laquelle épousa Auguste-Marie-Chrétien, baron d'Overschie Neeryssche. Elle décéda le 1er juillet 1809.

2° ANGÉLIQUE - CHARLOTTE - COLETTE - GUISLAINE de Lalaing, née le 14 décembre 1766, installée chanoinesse de Nivelles le 12 juin 1771, décédée le 20 février 1782.

3° CHARLES-JOSEPH-GUISLAIN, comte de Lalaing et de Thildonck, fils aîné.

4° Antoine-Frédéric-Auguste-Marie-Guislain de Lalaing, né le 3 octobre 1770, décédé.

5° Hélène-Philippote-Guislaine de Lalaing, née le 3 octobre 1770, reçue chanoinesse à Nivelles le 9 mars 1784, mariée le 20 juin 1811 à M. le comte Ferdinand-Charles-Antoine-Louis d'Andelot, chambellan du roi Guillaume Ier, des Pays-Bas, membre de l'ordre équestre de la province du Hainaut, sénateur de Belgique jusqu'en 1847, chevalier de l'ordre de Léopold, fils de Louis-Gabriel-Emmanuel et d'Anne-Charlotte de Rodoan.

6° Jean-Augustin-Joseph-Guislain de Lalaing, chevavalier de Malte, né le 28 août 1773, décédé.

7° François-Joseph-Guislain de Lalaing, chevalier de Malte, né le 15 mars 1778, décédé à Bruxelles le 20 janvier 1851.

IX.

Charles-Joseph-Guislain, comte de Lalaing et de Thildonck, seigneur de Sansbergen, etc., né le 28 octobre 1768, obtint érection de sa terre d'Arquennes en baronnie, par lettres-patentes du 15 juin 1793, épousa, le 12 mai 1807, Marie-Henriette-Octavie Ghislaine, comtesse de Maldeghem, née en 1787, fille de Joseph-Alexandre et de Marie-Anne-Ghislaine d'Argenton. Il mourut le 24 août 1816, laissant deux enfants.

1° Maximilien-Jean-Guislain, comte de Lalaing, qui succéda à la seigneurie.

2° Camille-Ange, comtesse de Lalaing, née le 23 avril 1813, qui épousa, le 20 juillet 1836, Auguste-

Charles , baron d'Overschi , décédé à Bruxelles le 23 août 1846. Mme la comtesse douairière de Lalaing est auteur d'un charmant volume publié sous le titre de *Maldeghem la loyale,* et de quelques autres productions littéraires.

X.

Maximilien-Jean-Ghislain, comte de Lalaing , né le 26 avril 1811, ancien chargé d'affaires de Belgique à Madrid, aujourd'hui ministre résidant en disponibilité, chevalier de l'ordre de Léopold, commandeur de l'ordre de Charles III d'Espagne et de l'ordre des SS. Maurice et Lazare.

PIÈCES JUSTIFICATIVES.

I. Loi de Lalaing donnée par le seigneur Simon
en 1300 , renouvelée ou modifiée en 1366 par Nicolas , en 1415 par Hoste ou Otton , et en 1506 par
Charles Ier.

CHARLES baron de Lalaing et d'Escornay seigneur de
Bracquele, Tricht, Maing, Heussignies, conseiller chambellan et chevalier de l'ordre du roy de Castille de Leon
de Grenade archiduc dAustrice duc de Bourgogne comte
de Flandres etc. capitaine et gouverneur des ville et
chastel d'Audenarde scavoir faisons que comme question
proces ou contreverse se polroit trouver cy aprez entre
nous nos hoirs presens et advenir d'une part et nos subgetz manans et habitans de notre dicte baronnye et
seignourie de Lallaing pour certains articles d'une chartre donnée par feu de bonne memoire Monseigneur
Nicole seigneur de Lallaing chevalier dactée du XXVIe
jour dapvril lan de grace mil trois cens (1) contenant

---

(1) La charte de 1300 n'est pas de Nicole , mais de Simon de
Lalaing, qui était son père.

pluisieurs articles et une autre charlre annexée à ladicte
en dacte du XXe jour de mars l'an mil trois cens soixante
six (1) parlant du previlege des aubains lesquelles chartres sont dauchien langaige et mal entendues pour pluiseurs diversites de monnoye etant du parsis blans fors
blans de blans et de duisiens ; à ce que jou tant pour le
bien de nous nos hoirs présens et advenir et de nosdis
sudgetz et cuiter touttes questions et proces le volons
esclairchir, et de nostre volonte et entendement comme
nous en avons use tenant tousiours aucuns et pluiseurs
bons articles contenus en icelles chartres sans les voloir
innovier ne changier aultrement que aucuns articles mis
cy aprez la vraye coppie desdictes charlres , lesquelles
nous mayeurs eschevins et communaulte dun accord
avons modere et renouvelle considere les biens proffitz
et dons que par ce moyen leur avons fait promettant tousiours tenir ladicte charlre et les moderations cy apres
declairez de laquelle et aultres lettres y annexees qui
extoient au ferme de nosdicts eschevins saines et entieres
tant en scel comme escripture mot aprez aultre la teneur
sensieult.

Nous Nycolles sires de Lallaing chevalier (2) a tous
ceulx qui ces presentes lettres verront ou orront salut en
nostre signeur, comme par ladvis et ordonnance de noz
chier et redoubte seigneur et pere a qui Dieu fache bonne
merchy de se bonne memoire en bon sens et se plaine
vye par lacord et consentement de pluiscurs de ses amys
et de son grant conseil sur ce meurement eu et par
grande deliberation fut et ont este donne et otroye de la
ville et communaulte de Lallaing tant de presens comme
advenir loix limitee et escripte par lettres et par charlre

<hr>

(1) Celle-ci est de Nicole.
(2) Ce Nycolles est repris sous le n° VIII de la 1re partie de la
notice.

scelleez de son grand scel avecq les sceaulx daucuns de
ses amys, est assavoir de Monseigneur Simon de Lallaing,
seigneur de Septmeries et de Monseigneur Druon signeur
de Wargny, laquelle loy et chartre nous parvenu en caige
et a terre jusques et promismes par notre foy et serment
a tenir et remplir par le requeste et admonestement de
le communaulte de nodicte ville de Lallaing sur le forme
et teneur d'icelle sans de rien enffraindre ne aller contre.
Et a che submisme et obligasmes nous nos hoirs et nos
successeurs.

Sachent tous que depuis est parvenu en nostre vraye
et certaine congnoissance ladicte chartre estre desertee
arse et perdue par le feu des guerres dont ly eglise de
Marchiennes fut destruite arse et perie meismement et
ly lieux ouquel ledicte chartre et pluiseurs aultres estoient mises et encloses par maniere de garde et de lieux
sauf et sceur. Et pour ce est il que a le requeste supplication et pryere de toutte le communaulte de nodicte
ville considere le fait dessusdit avecq lapparance de le
coppie de ledite chartre qui nous a este verifyee de bou-
che par nostre tres chiere Dame et mere Dame de Lallaing et de nos tres chier cousin Monseigneur Tallefer de
Rosne avecq pluiseurs aultres ausquels nous avons adjouste foy et credence leur avons icelle loy et chartre
restablie et reformee sur le fourme et teneur quelle avoit
este pardevant sans muer et sans changier dont le teneur
sen sieult.

Jou Symon sire de Lallaing chevalier (1) fay savoir a
tous ceulx qui cest escript verront ou orront que jou a
mes hommes de medicte ville et a leurs successeurs
ay octroyet a toujours perpetuelement tel loy et franchise
que cy aprez sensieult:

(1) Ce Symon est repris sous le n° VII de la 1re partie de la
notice.

I. Cest assavoir que je ne puis prendre sur mes hommes de ladicte ville de Lallaing nulz fourfaitz sil avoit este premier jugiet par le jugement des eschevins.

II. Sy est assavoir quen me dicte ville de Lallaing doivent estre sept eschevins lesquelz on doit chascun an remuer au jour de lan rencufz ; et 'avant quilz soient remuet celuy jour ils doivent sur leur serment eslire en le ville deux preudhommes pour estre eschevins, et chiaulx je leur doy faire avoir et sermenter a chou quilz rechoipveut leschevinaige, et tanps que chilz deux ont rechupt leschevinage et fait serment les sept eschevins de l'année passee me doivent pryer que je les deporte de leschevinaige et je les en doit deporter ; aprez ly doy nouveaux sermentez doivent appeller avec yeulx a recevoir le serment de leschevinaige une homme de le ville et iceluy je leur doy faire avoir et sermenter ; et aussi doivent appeller et nommer ung a ung tant que le nomble des sept eschevins soit emply ; aprez quant chilz sept eschevins sont aussi sermentez un ban doivent par le conseil deulx estre fait et renouvelle a me requeste chascun an et doivent estre chilz sept eschevins prins en me ville de Lallaing.

III. Et sour un ban tel, quiconques vœult tenir taverne en ville de Lallaing ils doivent vendre bonnes denrees et lealles par le conseil des eschevins sur le fourfait de dix saulx duisiens et les denrees perdues.

IIII. Nulz ne pœult en la ville de Lallaing vendre bled avaine ne nul aultres grains sy nest par lealle mesure delivree et taillie par eschevins sur le forfait de dix saulx de duisiens et les mesures perdues.

V. Quiconques portera en la ville de Lallaing ne ou terroir coutel a pointe, hache, paffus, arcq a tout pilles, ou sayettes outre le ban des eschevins il sera a dix saulx de duisiens et les armures perdues.

VI. Quiconques emportera le terraige du signeur il sera a soixante saulx de blans ; et se aulcun ban esquecoient a faire pour le proffit de le ville qui ne sont mye cy devant nommez ils doivent estre faitz et tenus par le conseil des eschevins.

VII. Chascun pœult avoir ses fossez et fossez en la terre de Lallaing sur le sien et montees sur le riviere dEscarpe et joyr de le pesquerie et des poissons.

VIII. Sil fault en la ville massier, barguier ne porguier, eschevins luy doivent meetre par le conseil de le ville.

IX. Se aulcuns hommes ou femmes demandent loy en le ville devant dicte et ez appendances faire lui doit on par lenseignement des eschevins et saucune chose esquecoient sour le jugement des eschevins de quoy ilz ne fussent mys sages et il demandassent le conseil de leur maistre le sires les y doit mener ou faire mener au frait du perdant, et de ce quil raporteront diceluy conseil leur doit ly sires ostre garandz comme bon sire sauf toutesfois quilz rapporteront justement ce qui leur sera querquiet au consel.

X. En ville doit avoir mayeur sermente au signeur et a le ville.

XI. Saulcuns hommes ou femmes veut ce quil doit estre jugies par le jugement des eschevins de Lallaing on doit au signeur deux saulx et demi de blans pour lissue et autant pour lentree hors mis les pretz de Beaumetz de le malletotte et les terres des courtilz de saincte Audegon ; de quoy chacune rasiere se on le vent et achate ne doit que douze deniers blans dissue et douze blans dentree, et sy ne doivent reliefz de formorture ne taille.

XII. Saulcuns enwage sa terre il doit au signeur deux saulx et demy de blans pour chacune rasiere.

XII. Saulcun homme des forains pour aulcunsh critaiges qui gisent sur le jugement deschevins fait demande a homme ou femme de le ville il doit premier faire cauxion de sixante saulx blans lesquelz il doit rendre au signeur se il ne poeult prouver che que il demande et les frais que on feroit pour le demande sy ly eschevins nen estoient sages.

XIV. Saulcuns ou aulcune de la ville demande heritaige du tenement devant dit et il faille a sa demande, il est a trois saulx de duisiens et aux frais que on y feroit pour le demande.

XV. Saulcuns homme ou femme plaide par loy devant le signeur et les eschevins de Lallaing et il ne se presente pour son jour warder dedens estoilles en ciel il est escheus en deffault en latente des eschevins.

XVI. Chascun pœult vendre sa maison et son metz en telle maniere que ly accateur payera douze blans pour lentree et autant le vendeur pour lissue.

XVII. Sil advient que aulcun hommes muert, ly hoir diceluy rendera au signeur pour chascune rasiere de terre cincq saulx de blans.

XVIII. Se aulcun homme a en ses metz pluiseurs maisons il poeult touttes deffaire a sa vollente fors cely en laquelle il maint.

XIX. Saulcun homme manant en la ville se voeult de partir pour aller manoir en aultre lieu, le sire de la ville le doit conduire sans nul contredit luy et touttes choses hors de son pooir loy faisant.

XX. Et se aulcun surhoste ou surhostesse vient manoir en le ville le signeur de Lallaing, il doit une poulle chascun an au signeur a payer au noel ; et se ly surhoste ou surhostesse acheptoit masure en ladicte ville ou sy allyvoit par mariage il seroit quicte de ladicte rente.

XXI. Saulcuns est trouve coppant bois dou signeur par jour il est a dix saulx de blans et se cest par nuyt a soixante saulx de blans et le domaige rendut par dire des eschevins.

8

XXII. Les embestes seront trouves au bois le signeur
sans warde ou a tout warde , qui si consent chilz ou
celles qui che seront, debvera pour elles rachepter deux
saulx de blans.

XXIII. Saulcuns homme ou femme ara dit villonye a
aultre et il en est convaincus par eschevins il payera au
signeur chincq saulx de duisiens. Saulcuns ara feru aultre de le pasme ou du poing ou injuriet il enquera en
le paine de trente saulx duisien.

XXIV. De tous le fourfait desœure trente saulx , ne
sera paye fors la quarte partie de la paine de ce que on
juge a Douai pour telz fourfait.

XXV. Saulcun home vend vin en la ville desœure dicte
il doit pour lafforaige de chascun tonneau douze blans
ou se cest.... a lavenant.

XXVI. La ville de Lallaing doit avoir le courtil oultre
le buissart a tousjours parmy trois duisiens de rente
chascun an et doit on payer ces trois duisiens au signeur
de Lallaing chascun an au jour saint Remy ; et se ladicte
ville y plantoit ou faisoit planter arbres quelz quilz fussent et chilz arbres perisissent ou ly vens les abatissent
prendre ou faire prendre et lever les poroit ly sires , et
nient jusques a dont ne ly ville ne pœult mettre la main.

XXVII. Assavoir est que se en le ville de Lallaing et as
apendances homme et femme vivent ensemble par mariaige et apportent heritaige ly ung avecq lautre qui doivent estre jugiet par les eschevins de ladicte ville , ilz
poront vendre chel heritage par le conseil ly ungs de
lautre sil nont hoir ly ung de lautre qui ayt sept ans ou
plus, ilz ne poeullent vendre cel heritaige se ly hoir ne
le werpissent , se nest par propre necessite du corps sy
come pour boire , pour mengier , pour vestir et pour
cauchier ou ly enffaus les pourvoient par le conseil des
eschevins. Et se il moroient sans hoir le darrain vivant

deaulx tenra liretaige le cours de sa vie. Et apres le deces deaulx deulx ly hiretaige doit raller au lez dont il est venus, et ensy de leurs hoirs ; et en tous pointz desqueanche doit raller hiretaige au 'lez dont il est venus , et ainsy de hiretaige que on acqueroit en le fourme de lhiretaige devant nome fors tant que ly acquest doivent raller a plus de prochains des deux parties.

XXVIII. Homme ne femme ne pœult ne doit donner de son hiretaige lun de ses enfans que chascun des aultres enfans nen ayt autant ly ung comme ly aultre ce ly enfans ne lottryent.

XXIX. Quiconques vendera hiretaige en Lalaing ni au terroir, le proisme du vendeur le poeult avoir pour tel denier que lhiretaige sera vendu dedens le XVⁱᵐᵉ aprez.

XXX. Saulcun homme ou femme plaidoit devant eschevins et les desdesist , il seroit atteint de trente livres duisiens le moictie au signeur et moictie aux eschevins.

XXXI. Saulcun homme ou femme destourboit ou faisoit destourber par luy ou par aultruy les chisnes du signeur, il escheroit au forfait de vingt saulx de duisiens et le domaige rendu par le dit deschevins.

XXXII. Quiconques tueroit ne feroit tuer , il queroit el forfait de soixante saulx de duisiens , et le domaige rendu par le dit deschevins.

XXXIII. Quiconques destourberoit lymoges pertrix ou cogimes il esqueroit et fourfait de dix saulx de duisiens.

XXXIV. Chascun abannier de le dicte ville qui karue ara servira le signeur deux jours en lan , cest assavoir ung jour en march et ung jour a pasquier et sy servira ung jour le signeur en aoust chascun an de sa karue.

XXXV. Chascune maison de ladicte ville servira le signeur se mestier luy est , chascun an ung jour de son propre office, les faucqueurs de leurs faulx les manouvriers de leur manœuvre et ainsy chascun de leur propre office et ara chascun personne trois pains pour chascune corowee. Et pour tous ces services cilz de ladicte ville de Lallaing ont parmy ches choses devant dictes perpetuelement aux bas viviers et ez tourbiers lerbaige a chevaulx jusques a lissue de may et couvretures de waras, et les pocult chascun soyer ou faire soyer saulfz ce quil mesche celles couvretures en oevre dedans lan.

XXXVI. Tous chil de la ville de Lallaing doivent cuire au four le signeur en ladicte ville, le sire doit livrer fournier souffisant; et quant aulcun ou aulcune a pris lieu au fournier de cuire ou a son metz le fournier le doit associer; et sil ne lassosse en heure il luy doit faire ravoir en temps et en lieu. Chil de la ville doivent livrer feuille pour leur pain cuire, et leur doit le fournier cuire a plain four ou a demy sil en ont mestier et a vingthuytiesme.

XXXVII. Se aulcune chose esqueoit en ladicte ville et ez appendances hors des pointz de ceste lettre dont eschevins deussent jugier, ou en debveroit ouvrer par lenseignement deschevins.

XXXVIII. Saulcuns homme et femme menoit grain ou aultre chose qui senfuist de ladicte ville de Douay par eaus qui ne fut vendu ne aquatet il nen doit point de wisnaige au signeur.

XXXIX. Assavoir est que ladicte ville de Lallaing doit chascun an au jour de saint Remy dix livres de blans au signeur pour le taille saulfz chou que sil advenoit quil mariast sa fille ou si fist de son filz chevalier les dix livres de blans devant nomez doivent doubler au jour saint Remy en cely annee. Et ces deniers dicelle taille devant dicte ly eschevins le doivent a leur pooir lealement eswarder et assigner sur le ville et sur les tenans; et ly sires les doit faire venir ens aux eschevins et les eschevins le doivent payer au signeur. Et parmi ces dix li-

vres de blans devant nomez que le ville doit rendre chacun
an au jour saint Remy pour le taille, leur a en convent
le sire toutes les choses cy desure dictes et chacune del-
les par luy pour luy et pour ses hoirs faire tenir et leur
droit warder et faire warder et aemplir sans aller alencontre. Et doibvent tous ly signeurs de Lallaing, si comme il verront a liretaige de Lalaing de hoir en hoir en-
sievent dedens quarante jours que il aront fait hommage
a leur signeur, faire serment a la dicte ville de tenir et
faire tenir a leurs hoirs et leurs successeurs tous les
pointz de ceste chartre entierement et chascun par luy
sans nulz amenrir. Et pour ce ceste presente institution
soit warde a tousjours sans violer de my de mes hoirs et
de mes successeurs Jou Simon sire de Lalaing premier
nomme en oblege et ai oblegiet my, mes hoirs et mes
successeurs a faire tenir a toujours fermement et entierement tout che cy descure est dit et deviset. Et pour ce
que soit ferme chose establie et bien tenu ay jou ceste
presente chartre scellee de mon propre seel avecq seaulx
de mes chiers et foiables amys cy aprez nommez cest
assavoir du propre seel monseigneur Symon de Lalaing,
seigneur de Scpmeries et le seel Monseigneur Druon seigneur de Wargny donne en lan de grace mil trois cens
le XXVIᵉ jour du mois dapvril.

Et pour lacroissement et commun proffit de nous et
de noz hoirs signeurs de Lallaing et aussy de tous les
manans et habitans de nodicte ville presens et advenir.
Nous Nicole sire de Lallaing devant nomme avons tant
pour nous come pour successeurs signeur de Lallaing
quiconques le soit, donnet octroie et accordet a tousjours
perpetuelement que tout aubain hommes et femme manant et demourant a present a nodicte ville de Lallaing
et qui desorsavant viendront manoir et demourer yaulx
et leurs hoirs sont et seront francq et quitte de toutte

aubaine partable, parmy payant au signeur de Lalaing un cappon de rente chascun an; saulfz tous quant homme ou femme ira de vic a trespas sil a vaillant au jour de son trespas quarante livres de tournois et endescure monnoie coursable en ladicte ville de Lallaing prendera le meilleur catel et non plus; et sil a vaillant trente livres de Tournois et en desoubz ly hoir du deffunct prendera devant le signeur le millieur catel et ly syres lautre millieur partant seulement; quant homme et femme de forains ou aubins sont ensemble en mariaige, ils ne doivent ensemble que ung seul cappon de rente par an ; mais quant chascun desdictz conioinctz yra de vie a trespas ly sires prendera son droit en le maniere devant dicte. Et pour ce que touttes les choses contenues en ceste presente lettre soient fermes estables et bien tenues a tousjours perpetuelement en avons pour obligiet et obligons nous noz hoirs et nos successeurs a faire tenir a tousjours fermement entierement selon le forme et teneur et lavons confermee et scellee de notre propre scel avecq les seaulx de notre chier fil Colard de Lalaing (1) chevelier no aisne hoirs et de no chier frere Simon de Lallaing signeur de Hornaing et seneschal dOstrevent (2). Et aussy du seel de no chier et ame cousin monseigneur Jehan signeur de Mortaigne chevalier signeur de Potelles. En tesmoing et congnoissance de verite. Ce fut fait lan de grace mil trois cens soixante six le XXᵉ jour du mois de march.

Nous hoste sires de Lallaing (3) de Bugnicourt et de Fressaing chevalier faisons scavoir a tous que touttes les choses et chascune dicelles contenue en ceste pre-

(1) Notice nᵒ VIII.
(2) Notice nᵒ VII.
(3) Notice nᵒ IX

sente chartre donnee par noz predicesseurs signeurs de
Lallaing sy come signeur mon tayon (1) monsigneur mon
pere et monsigneur mon frere jadis de bonne memoire
à la requeste et supplication de toutte la comunaulte
de no ville de Lallaing avons louet greet ratiffyet ap-
prouvet et confermet, et par ceste presente cedulle loons
greons ratiffions approuvons et confirmons et les pro-
mettons et avons en convent lealment et de bonne foy
tant pour nous comme pour nos hoirs successeurs a tenir et faire tenir et warder pour ferme et estable a tousjours perpetuelement sans enfraindre ne aller contre
faire ne souffrir aller alencontre en le fourme et maniere
quil est contenu en icelle chartre approuvee et confermee par leurs saulx par le tesmoing de ceste cedulle in-
ficquie et annexee en ceste presente charte a laquelle
nous avons appendus no scel avecq les seaulx de nos
dessus dits signeurs, predicesseurs en approbtion de
verite fait et donne lan de grace notre signeur mil quatre cens et quinze le XXIIIe jour de march.

Parquoy iceux maires et eschevins manans, habitans
et communaulte de notre ville de Lallaing aprez remonstrance par nous faicte, nous avons requis que notre
plaisir fust voloir reformer et moderer aulcunes usan-
ces... et les pourvoir et donner aulcunes graces. Et
pour ceste cause desirons bon ordre et regle estre mis
au fait desd. chartres et abolir telz et semblables articles
prejudiciables a nous et a nosdictz subjetz. Et sur ce de
ladvis de plusieurs conseilliers lesquels ont par pluiseurs
fois communiquiet ensemble touchant ladicte reforma-
ture, nous avons a grande et meure deliberation constitue et donne et declaire, constituons ordonnons et
declairons quen notre ville de Lallaing sera tenue par

(1) Aïeul.

nous la dessusdicte chartre ainsy et par maniere que
cest escrit porte, et comme par cy devant par noz predicesseurs a este use saulfz et reserve pluiseurs articles
que volons eclairchir et reformer, et aultres articles mettre au neant et donner graces et previleges comme
sensieult.

Et premiers quant au premier article parlant que nulz
forfaitz ne seront (pris) par nous sur nos hommes, sil ne
sont jugiez par eschevins, nous lacordons et volons que
ainsy en soit fait.

Le IIe article parlant du renouvellement de notre loy,
volons quil en soit use en ceste forme assavoir que en
notre ville de Lallaing.doivent estre sept eschevins lesquelz debvons chascun an renouveller au premier jour
de lan. Et avant quils soient renouveller cestuy jours les
sept eschevins de lannee passet doivent venir a nous ou
notre commis pryer que nous les deportons de leschivi-
nage et.les debvons deporter. Et ce fait, nous debvons
creer et faire sept eschevins nouveaulz qui doivent estre
appelle par nous ou notre commis et faire le serment
acoustume ung a ung tant que le nombre des sept eschevins soit acomply. Et doivent estre ces sept eschevins na-
tifz ou heritiers de notre ville de Lallaing.

Le IIIe article parlant des bans soit entretenu dont
pour le fourfait de dix saulx de duisiens nous sera paye
trois solz quatre deniers tournois monnoie courant en
Haynnau.

Le IIIIe article soit tenu payant pour dix solz de duisiens trois solz quatre deniers tournois comme dessus.

Le Ve article soit tenu payant comme dessus pour dix
solz de duisiens trois solz quatre deniers tournois.

Le VIe soit tenu payant pour le fourfait de emporter
le terraige du signeur comme est accoustume.

Les VIIe, VIIIe, IXe, X^e articles soient du tout entretenus ainsi et comme lanchienne chartre contient, de mot a autre.

Le XIe article soit entretenu ou pour entree et yssue dhiretaige ou est dit payer deux solz et demy de blans entendons quil sera paye huyt solz dentree et huyt solz dissue monnoie courant en Haynnau. Et pour les pretz de Beaumaretz ou est dit douze denier blans entendons treize deniers monnoye dicte.

Le XIIe article soit entretenu payant pour engaigement de chascune rasiere de terre huyt solz tournois monnaye de Haynnau.

Le XIIIe ou est dit soixante sols blans sera paye soixante quatre solz quatre deniers tournois dicte monnoye.

Le XIVe article parlant de trois solz de duisiens sera paye douze deniers tournois.

Le XVe article soit entretenu comme lanchienne chartre le devise.

Le XVIe parlant de douze blans pour vendre sa maison sera paye huyt solz monnaye de Haynnau.

Le XVIIe faisant mention de reliefz ou est dit chincq solz de blans sera paye pour le relief de chascune rasiere vingt solz tournois monnaye de Haynnau.

Les XVIIIe, XIXe et XXe articles soient entretenus comme le chartre le devise mot a aultre.

Le XXIe pour amendes de copper les bos du signeur il sera a dix solz blans et par nuyt a soixante solz blans qui font soixante quatre solz quatre deniers. Et le domaige rendu par dit deschevins. Et touchant les afforains et non manans de notre ville de Lallaing il en sera use a maniere accoustumee.

Le XXIIe article disant les embestes seront trouves au bos du signeur sans garde ou a tout garde qui sy consente chilz ou celles qui ce feront debvera pour ce rachepter XXV deniers ob. tournois et le domaige rendu par dit deschevins. Mais aus afforains lesquels ne sont manans soubz notre eschevinaige en sera use comme dessus.

Le XXIIIe article pour amende de vylonie dicte sera paye ung solz huyt deniers tournois.

Les XXIVe, XXVe, XXVIe, XXVIIe, XXVIIIe, XXIXes articles seront et demouront entretenues en leur vigeur comme loriginal de lanchienne chartre devise.

Le XXXe article touchant lamende de desdire eschevins ou est dit trente livres duisiens sera paye dix livres tournois pour en user comme le chartre dit.

Le XXXIe soit entretenu payant pour vingt solz de duisien six solz quatre deniers tournois.

Le XXXIIe soit entretenu payant pour soixante solz de duisien vingt solz tournois.

Le XXXIIIe article payant pour dix solz de duisiens trois solz quatre deniers tournois sans comprendre en ces articles damendes les afforaiges desquelz en sera use comme est accoustume.

Les XXXIV° et XXXVe devisant des corowees de chevaulx et de bras ou est dit quil serviront de leur karue nous entendons quil nous serviront de leurs kars ou karrette et parmy tant chascun laboureur arade nous pourveu quil ayt fait ses trois corowes trois pains de zeize pains en lerasiere et chascun mesnagier qui nous ara servi de son propre office pour sa corowe ara ung pain pareil ausdit laboureurs ledit XXXVe article devisant des bas viviers nous les layrons a nos subgectz pour en faire leur proffit comme le chartre le devise.

Le XXXVIe parlant de notre four a ban considerant le grant charge destourbier et empeschement que nos subgetz ont eu de long temps a estre subgetz a cuire a notre dit four pour certaines causes a ce nous mouvans et de notre grace especiale accordons a tous nos subgetz

manans et habitans paroischiens vesves et non vesves
grace de faire four a leur maison ou de cuyre ou bon
leur semblera pain et aultres vivres pour leur meisnaige
sans vendre pain ne aultre chose. Mais demeure le four
pour en faire notre proffit soit par louiaige ou aultrement parmy payant a nous ou notre recepveur a deux
termes en lan assavoir Noel et saint Jehan chascun meis-
nagier vesve ou non vesve dix solz tournois monnoye
courant en Haynnau par an. Et touchant ceulx lesquelz
par cy devant ont eu leurs fours arrentez au paravant
ceste grace, demoront a leur estat por payant la cous-
tumee rente. Et moyennant ce nous et nos hoirs seront
tenus deschergier tous nos subgetz manans habitans
meisnagiers vesves et non vesves de quatre solz par an
pour payer le clercq paroischial lequel sera par nous
esleu et mis pour servir leglise et le commun souffisa-
ment et comme les clercqs voisins sont acoustumez de
servir eglise paroischiales et le comun poeuple. Entendons en outre que tous taverniers carbaretiers huissi-
gnier et aultres vendans ou non vin ou cervoise en notre
ville de Lallaing doresnavant prendent pain a notre fournier louagier pourveu que ledit fournier sera tenu de
faire bon leal pain et bonne denree comme aux villes
voisines et sil est trouve en deffault et que plainte sen
suist, nous volons que le fournier soit mis a lamende de
soixante quatrez solz tournois monnoye de Haynnau et
le denree perdue.

Les XXXVII⁰ et XXXVIII⁰ articles soient entretenus
comme le chartre le devise.

Le XXXIX⁰ article devisant de notre taille de saint
Remy a nous deue par nos subgetz montant dix livres
de blans, entendons quil soit mis et esclerchy de nous
payer quarante livres tournois monnoye de Haynnau,
comme de tout temps avons receu et de sy long temps

et espace quil nest memoire du contraire. Et touchant aultres devises contenues audit article soit entretenu comme larticle le devise mot a aultre.

Le XLe article contenant certaine chartre octroye par nos predicesseurs signeurs de Lallaing pour le droit que les aubains ont en notre terre, nous le volons du tout entretenir comme la chartre le devise et comme est acoustume den user par cy devant.

Pareillement ayant regard aux grands affaires dons et charges que ont eu et ont journellement nos bons subgetz manans et habitans de notre ville de Lallaing volons et ordonnons quilz soyent a tousjours et a jamais exemps pour eulx leurs bestes, chevaulx et biens quelconques de riens payer a notre bacq de Lallaing en passant et repassant ou ils ont toudis paye pour chascune fois ung kar deux solz tournois, pour le karette douze deniers, pour le cheval six deniers et pour beste en main quatre deniers et pour homme ou femme allant a pied pour chacun deux deniers a condition que nosdictz subgetz presens et advenir seront tenus perpetuelement entretenir le bacq a leurs despens et le faire noeuf quant mestier sera saulf que nous et nos successeurs seront tenus de leur livrer a nos coustz frais et despens le bois crud fort pour le faire noeuf ou lentretenir aussy les vielz bois et ferailies et aultres choses venant du vielz bacq seront au proffit desdis manans. Et pour tenir net ledit bacq et le tourner quant mestier sera pour les nefz passer notre bacqueteur fermier sera tenu le nettoier tourner et mettre en lieu pour passer les nefz et bestial de nos subgetz si que nul dommaige nen prende a nodis manans. Retenant par nous notre haulteur signouries et proffit que avons et porions avoir aux forains passans a kar, karrette et cheval a pied aultrement en la maniere acoustumee et comme de tout temps lon en a use. Et moyennant ces dons graces et biens que avons fait et donne faisons et donnons a nosdictz subgetz il sont tenus et obligiez en memoire et recognoissance de nous ou de Madame notre espeuse. Entendu et ordonnons que tous gentilz hommes et gentilz femmes vivant noblement seront exemp de touttes tailles de princes ou aultrement et quilz ny seront assis par mayres eschevins ny aultres sans comprendre la taille de saint Remy saufz et reserve fiefz qui riens ne doivent en maniere quelconques.

Et pour plus grant sceurete de ce que dit est et le tenir ferme et estable sans jamais aller au contraire se sont comparus pardevant nous Jehan de Haussy escuier bailly de Douay, Guilbert de Thilly aussy escuier, Jehan de Cordes dit de la Chappelle bailly de Lallaing et Jacques Regnault hommes de fief de la conte de Haynnau et court de Mons, le dit Messires Charles baron de Lallaing d'une part, Jehan Camblin mayeur, Allard Coppin, Toussains Thiremont, Jehan de Marquette, Ysaacq Du Fosse, Nicolas Counu, Martin le devin, Mahieu du Castillon, eschevins, Hoste Fourdin, Simon Leudel, Colart Thiremont, Sarre Thiremont, Pietre Thiremont, Colart Mazenghue, Jehan Ghelle, Jehan de Robais et Simon le devin manans et habitans de ladicte ville terre et seigneurie de Lallaing et eulx portans et faisans fors de toutte la communaulte dicelle ville, lesquelz et chascun deulx en droit soy tant dun coste comme dautre ont recongneu et recognoissent par ces presentes tout ce que dit et escript est dessus. Et le ont promis et promettent par leur foy et sermens pour ce mis et jurez es mains de nous hommes dessus nommez de le tenir entretenir et accomplir de point en point selon sa forme et teneur sans jamais aller contre ; sur la paine de chincq cens livres tournois a appliquier moictie dicelle paine au conte de Haynnau et lautre moictie a leglise parois-

chial dudit lieu de Lalaing laquelle paine donner polroit
le partie entretenant ce que dit est sur la partie deffail-
lant et sur tous ses biens et heritaiges ou cas que deffaulte auroit en aucunes des choses dessus dictes meismes pour sceurete de ce sy ont lesdis comparans obligie
et obligent cest assavoir ledit Messire Charles tous ses
biens et heritaiges et ceux de ses hoirs successeurs signeurs de Lallaing. Et les mayeur, eschevins et communaulte de ladicte ville aussy tous leurs biens et heritaiges et eeulx de leurs hoirs presens et advenir lun pour
lautre et chascun pour le tout pour iceux biens et heritaiges prendre et vendre pour touttes justices sans mef-
fait jusques au plain furnissement et accomplissement
de ce que dit est. Et sil convenoit faire aucunes sommations, icelles le feront du consentement des parties
en leglise du dit Lallaing pour tous aultres lieux lesquelles sommations icelles parties tiendront pour bien
et deument faictes. Et sy ont renonchie et renonchent
par ces dites presentes sour leur foy et serment a touttes
choses quelconques generallement et especiallement qui
a eulx ou lun deulx polroient aydier ou valloir et a lune
ou lautre des dictes parties leurs hoirs et successeurs
grever un nuyre en aucune maniere meisment au droit
disant general renonciation non valloir. Sy comme tout
ce que dist est dessus, Nous hommes de fiefz dessus
nommez certiffions estre vray et pardevant nous avoir
este fait par nos scaulx mis a ces lettres lesquelles pour
le sceurte et conservation de chacune des dictes parties
sont faictes en double semblables les unes aux aultres
et ausquelles pour plus grand sceurte et approbation de
verite ont lesd. Messire Charles baron de Lallaing (1),
Ponthus de Lallaing (2) escuyer seigneur de Buigni-

(1) Qui est Charles 1er (n° XIII), créé comte en 1522.
(2) Ponthus et Artus, cousins issus-germains de Charles 1er.
(Voir pages 24 et 25.)

court et Villers et Artus de Lallaing aussy escuier seneschal dOstrevent, seigneur de Hordaing et de Bre-
biere ont appendu leur scaulx avecq les notres. Ce fut
fait passe et recongneu le dix noeusime jour de juing
lan mil chincq cens et six.

Les sept sceaux qui étaient suspendus avec des rubans à cette
chartre sont entièrement disparu ; au-dessus de chaque sceau
il y avait le nom du seigneur auquel il appartenait, savoir :

1° Seel Mess. Charles baron de Lallaing ch^r.

2° Seel Ponthus de Lallaing escuier s^r. de Buigni-
court, Villers.

3° Seel Artus de Lallaing escuier seneschal dOstrevent s^r. de Hordaing.

4° Seel Jehan de Haussy escuier homme de fief.

5° Seel Guilbert de Thilly escuier homme de fief.

6° Seel Jehan de le Chappelle homme de fief.

7° Seel Jacques Regnault escuier homme de fief.

II. Procès-verbal de 1288 qui constate la planta-
tion à Lalaing de la longue-borne.

TEXTE.

Anno domini M CC octog. oct. terminata fuit conten-
tio que inter Duacenses et Marchianenses diu ante orta
fuerat, videlicet de justicià sive piscatione sustinendà
in Scarpio, et fuit locus assignatus a judicibus ubi meta
poneretur VIe kal. junii, et fuit eadem posita IIIIe hal.
junii, videlicet lapis inmensus, habens in longitudi-
nem XVI pedes, in latitudinem novem pedes, quadrata,
tres habens pedes in utrâque parte. Actum anno domini millesimo ducentisimo octogesimo octavo.

Compromissores vero sive judices hic fuerunt ex
utrâque parte electi prepositus Bethunie et comes ta-
bularius Flandrie.

L'an de N. S. 1288 se termina une contestation qui
depuis longtemps s'était élevée entre les gens de Douai
et ceux de Marchiennes, relativement au droit de pêche
sur la Scarpe. Le VIᵉ jour des calendes de juin une
sentence arbitrale fixa le point où serait placée une
borne limitative, et cette borne fut posée le IIIIᵉ jour
des mêmes calendes. C'est une énorme pierre carrée
ayant seize pieds de haut, neuf de large, et trois sur
chacune de ses faces.

Ceci se passa en l'an de grâce 1288. Les arbitres
choisis dans cette circonstance furent, d'une part, le
prévôt de Béthune, et de l'autre le connétable de
France.

III. Lettres du 24 octobre 1315, relatives au droit
de pêche dans la rivière de la Scarpe, extraites du 3ᵉ
cartulaire du Hainaut, pièce 158.

> Commission au gouverneur de Douay pour le signeur
> de Lalaing pour le débat k'il a au castel et a le vile
> de Douay d'endroit une riviere.

Ludovicus, Dei gratia francorum et Navarre rex, gu-
bernatori nostro Duacensi ac ballivo Haynonie salutem.
Mandamus et committimus vobis quatinus in commis-
sione per dominum genitorem nostrum, dum viveret,
vobis facta, in causa pendente inter dominum de Laleng ex una parte, ac castellanum et villam de Duaco ex
altera, super piscaria alta que et bassa justicia atque do-
minio zipparie del Escarp, infra certos terminos in ea
designatos, quarum possessionem dictus dominus se di-
cet habere juxta ipsius commissionis formam, vocatis
qui vocandi fuerint procedatis ac sine dilatione quanto-
tius compleatis. Si quid vero post impletam commis-

sionem predictam, contra dictum dominum in possessione predicta vel alias in ejus prejudicium super premissis inveneritis attemptatum, id ad statum debitum celeri mediante justicia revocetis. Damus autem omnibus justiciariis et subditis nostris tenore presentium in mandatis ut vobis in premissis et ea tangentibus pareant et intendant.

Datum Parisiis XXIIII die octobris, anno Domini M. CCC, quinto decimo.

IV. Lettres de 1231, dans lesquelles intervient Gossart de Lalaing; extraites du cartulaire de Saint-Amand, t. II, pièce 172.

Li compromis dou desoivre del bos de Scaupons.

Jou lois de Frasne et jou Gossart de Lalaing, chevalier, faisons savoir a tous cels ki ces lettres veront et oront ke nous somes mis sour mon seigneur Gerart de Vile et mon seigneur Jehan de Lespais, chevaliers, et eu Evrart de Condet con appiele castelain, del desoivre del bos de Frasne, del bos de Scaupons, entre nous d'une part et mon seigneur l'abbet Herbiert et le couvent de St. Amant en peule d'altre part, ensi ke li doi chevalier Gerart de Vile et Jehans de Lespais et Evrart ki sunt devant dit, ont juret et fianchiet kil a bone foi enquerront la verite del desoivre devant dit a six homes ke li abbes et li couvent devant dit ont eslis : Godefroit del Pont, Gillion Hapart, Huart son frere, Gontalt de Scaupons, Gossuin Moketon et Symon le pescheur et a six autres homes ke lois et Gossart de Lalaing devant dit ont eslit : Gautier Rossuel, Bauduin Pide, Nicholon de le Folie, Nicholon Buide, Jehan de Rovequi et Gautier d'outre Escaut. Et cist douze ki sunt eslit des parties ont jure et fianchie kil diront bone verite et a bone

9

foi del desoivre des bos devant dit as trois diseurs devant nomes; et li troidiseur, quant il aront faite l'en-
queste loiaument, doivent deseurer les bos devant dis
a bone foi al miols kil saront alor ensciant. Et nous devons tenir le desoivre ensi com il le feront et se nous ne
le teniemes, nous renderions al abbet et al couvent devant dis chiunc cens libvres de le monnoie de Flandres
en nom de puinne. Et jou Lois et jou Gossart avons
ceste couvenence devant dite fianchie et jurce a tenir
loiaument comme chevalier. Et pour cou ke ce soit ferme cose, nous avons mis a cest escrit nos saiaus. Et ce
fu fait en l'an del incarnation notre Seigneur M. CC.
XXXI elmois de march.

V. Lettres de Nicolas seigneur de Lallaing du mois
d'avril 1243, ratifiées par son fils en juillet 1265,
lesquelles contiennent des donations au profit des pauvres et de l'église de Lalaing.

Jou NICHOLES sires de Lalaing chevaliers fach savoir a
tous chiaus ki ces lettres verront et oront ke jou ai veucs
les lettres mon tres chier perc cui dex asoille.

Sacent tout cil ki sunt et ki avenir sunt ke jou SIMONS
sires de Lalaing chevaliers et Alixandre me feme avons
donne un mui de tiere pour deu et en almosne as poures gens de Lalaing en restor de nos tors fais. Si on
prendera on trois rasieres ki furent Ernoul de la outre et
une rasiere qui fu Jehan Moriel. Et quatre rasieres sor
boisart dales le tiere Hardebole. Et quatre rasieres en
le coroie deviers le bais. Et si faisons asavoir que nous
avons donne deux rasieres de tiere a son grant camp par
deviers les arsins pour les sis rasieres de bleit que Jehans mes freres donna cascun an pour deu et en almosne as poures gens de Lalaing. Et se chou estoit cose

kil neuist un mui de tiere ens es pieces devant dites , nous volons con le parface de no tiere a son grant camp dales les deux rasieres devant noumees. Et si faisons bien asavoir ke nous avomes autant u plus aquis ou pooir de Lalaing que ces almosnes lievent. Et ceste tiere devant dite laisons nous en le main le prestre et les eschievins en le vile de Lalaing. Et sil avenoit cose kil neust eschievins en le vile de Lalaing li prestres doit prendre ciunc preudoumes avoec lui ki deparcent cele almosne pour le miols kil saront , soit en pain , soit en bleit, soit en caucement le jour des armes. Et si volons ke li prestres anonce cascun an le jour tous sains au ventele ke se nous avons anului tort fait kil viengne avant et kil se face creaule par le dit et par le consel de chiaus ki lausmosne ont a warder , et kil li soit restoret del aumosne devant dite se no hoir ne le voloient resto- rer. Et des preus de cest mui de tiere que nous avons lessiet as poures gens de Lalaing prendera ou une ra- siere de bleit que nous devons on prestre de Lalaing pour faire no obit cascun an. Et si volons ke li prestres et li eschievin de Lalaing prengent trois coupes et demie de bleit ke li mes Gossart le fornier doit. Et se doit ausi Gossars li forniers wit sol dartisiens de coi nous volons ke li doi sol voisent a no obit avoec les trois coupos et demie de bleit , et li sis sol voisent a le candoile ki art a lautel. Et ces wit sol devant dis et ces trois coupes et demie de bleit doit il sor le pret des ois et sor sen ma- nage ki fus Adam de le Cambe. Et de ces deux sol de- vant dis et des trois coupes et demie de bleit volons nous con en acacie de le cire con ardera a no obit. Et li donons sis sol de douissiens sorle mes Brebison kil doit cascun an et ces sis sol offerra on cascun an au jour de no obit. Et si volons que se li prestres de Lalaing man- doit prestres ki fuissent a no obit nous volons que cas- cuns euist douse deniers artisiens dusqua cinne prestres.

Et ces ciuns sol volons nous ke li prestres et li eschevin
de Lalaing les prengent al almosne con doit departir as
poures gens de Lalaing. Et se li prestres devant dit ne
venoient a no obit nous volons ke li ciunc sol demeu-
rent al almosne des poures gens de Lalaing. Et por chou
que ceste almosne soit ferme et estaule, le conferme jou
de men saiel. Ces cartre fu faite en lan del Incarnation
nostre segneur M. CC. et quarante et trois el mois
davril.

Et jou Nicholes sires de Lalaing chevaliers devant dis
fac asavoir a tous que jou ceste almosne et toutes ces
coses devant dites ai loees et grees et les ai enconvent
et proumis a faire et a tenir coume sires pour mon signeur de perc devant dit cui dex asoille en le forme et en
le maniere que deseure est dit. Et pour chou que chou
Nicholes·sires de Lalaing chevaliers devant dis voel que
ceste almosne et ces coses soient fermes et estaules et
bien tenues a tous jours de mi et de mes hoirs et de nos
successeurs ai jou ceste cartre saielee de men propre
saiel. Ce fu fait en lan del Incarnation nostre Segneur
M. CC. et sissante et ciunc el mois de julie.

A ces lettres se trouve encore suspendu le sceau du seigneur
de Lalaing ; il est cependant fort endommagé, mais on y voit
parfaitement la porte de gueules à dix losanges d'argent qui
sont les armes de cette illustre famille. Il ne reste que quelques
lettres de l'inscription qui entourait les armes.

VI. Lettres de 1284 dans lesquelles intervient Nicolas de Lalaing. Elles font partie des archives dépar-
tementales du Nord.

Nous Watiers d'Antoing, sires de Bielone, Nicoles
de Lalaing, li senescaus de Hordaing, li sires de Wa-
siers, aliaumes de Villers, Hellius ses frères, Grars

d'Iwuir, Henris de le Mote, Grars d'Escaillon, li sires
de Manin, chevalier, Pieres de Lens et Robiers d'Asti-
ces, escuier, faisons savoir à tous ke me sires Hues,
ainsné, fius au conte Guion de saint Pol, de se boine
volente a reconneut par devant nous et pardevant plente
de boine gent a amender paisiulement tous les fourfais,
les damaiges et les griés ke li dis Guis ses peres avoit
fourfais u pooit avoir forfais envers noble home le conte
de Hainnau, ainschois kil issist del homage de le terre
de Braibant et dou fief kil tenoit dou conte de Hainau
devant dit, et ainschois ke li dis Hues i entrast. Et les
reconeut et promist li dis Hues a amender al devant dit
conte de Hainau as us et as coustumes de Hainau, si
avant ke lois et jugemens donroit et que li dis cueus de
Saint Pol, ses peres, l'avoit fourfait, s'aucun fourfait y
avoit. Et en obliga tout le fief paisiulement kil tient dou
conte de Hainau devant dis, et puis l'eure kil fu re-
chius en lomage et el fief devant dit : s'est a savoir Leuse
et les apiertenances, Condé et les apertenances, Eska-
nasse et les apiertenanches. On tesmoingnage desquels
coses nous avons pendus nos propres saiaus a ces presentes lettres donees l'an de grasse mil deus cens quat-
tre vingt et quatre le mardi devant le candeler.

L'original en parchemin est muni de six sceaux
un peu mutilés.

VII. Ces lettres sont reproduites aux pièces justificatives de cette édition, sous le n° I.

VIII. Lettres de Charles V, roi de France, en date
du mois de janvier 1367, qui accordent aux habitants
de la commune de Lalaing le droit de paturage dans
le marais des Six-Villes. Ces lettres sont suivies de

celles de la comtesse Marguerite, du mois d'avril 1244, ratifiées par son fils Guillaume, comte de Flandre, sire de Dampierre, en juillet 1248, par lesquelles elle donna toutes les *aises* de ce marais aux paroissiens de Flines, de Raisce (*Raches*), de Coustices, d'Auchy, d'Orchies et de Bouvignies.

I.

KARLES par la grasce de Dieu rois de France faisons savoir a tous presens comme futurs que com piecha Marguerithe de bonne mémoire adont contesse de Flandres et de Haynault de lequelle en ceste partie nous avons maintenant cause, à ses amez les parochiens des villes de *Flines*, de *Raisse*, de *Coustices*, de *Orchies*, de *Auchy* et de *Bouvegnies,* le maretz de Flines a l'usaige des dits parochiens et des habitans desdictes villes donnast et otriast en pastures erbes et autres aisemens, profit et emolumens moyennant certaines condictions [et redebvances a ledicte contesse pour chau deuwez, racontez plus plainement et plus especialement declairies en lettres originelles sour le maniere de ce don faictes lisquels mares est prochains et voisins a le terre de notre bien ame et feauld notre chevalier *Nichole* seignieur de le ville de Lallaing. Et comme de en apres a le requeste doudit chevalier les communautés desdites villes dou commun assentement des habitans en icelles et cascun diaulx a par ly, heubt sour ce conseil par meure deliberation et pour le commun utilité dichiaux et le profit en *dammant* ayant audict chevalier, tant pour li et pour ses hoirs et successeurs, comme pour les habitans de le dessusdicte ville de Lallaing aient accorde et perpetuellement octrie tel droict de pasture oudict mares et émoulement havoir que a daux et a cascun diaux ou a

leurs hoirs appartient ou doit appartenir en tel vertu
du don deseurs dict en paiant et aemplissant les contenues especiffiez et declairez es lettres desseure dictes
de ladicte contesse a yaulz ottriez ; et li dis chevalier pour
ly et les habitans de se dicte ville a suppliet a nous que
en ce volsissions notre ottroi et consentement donner ,
et ces choses de notre grace especial confirme ; et Nous
a icelles choses quy regardent le commun profit et a
nulluy ne portent injure ni damage, a le supplication de
nosdict chevalier gracieusement incline les choses des-
seurs dictes entendues.

Loons, ratefions, confirmons et en icelle de notre especial grace et majeste royal tant que en nous il est et a
notre droit ne sont amenrissans , donons consentement
et assentement ensamble, mandons par le teneur de ces
presentes au gouverneur de Lille et de Douai et a tous
nos autrez justiciers et officiers presens et advenir ou a
leurs lieutenans et a cascun diaux ensi que a lui appar-
tiendra ou cas , veuwes les lettres de le dicte contesse
selonc le forme et teneur dicelles , notre dict chevalier
ses hoirs et successeurs et les habitans de se dicte ville
de Lallaing facent et procurent joyr et user paisiblement
de notre presente grace non nonobstant ichiaux contre
le teneur dicelly ; lequelle chose que elle demeureche
et persevereche en temps advenir ferme et stable nous
avons appendu as presentes lettres notre seel , notre
droict et lautruy cascun en tout sauf. Donne a Paris ou
mois de jenvier lan notre seigneur M. CCC LXVIJ (1367).
et de notre regne le quart.

H.

Jou MARGHERITE dame de Dampiere fay savoir a tous
chiaulx qui sont et qui advenir sont que jou as pochiens
(*paroissiens*) de Flines, de Raisse, de Coustices, dAuchi,

dOrchies et de Bouvignies qui my homme ou my tenant
sont ou de men fief mouveront ay donnet et otryet a tous
jours perpetuelment toutes les aises dou mares de Fli-
nez en pasturage en herbages et en toutes aultres aises
sans le mares fouwir *(fouir)* et empirer et saulf ce quil
ne poeut bieste mener en chelui pasturage se elles ne
sont leur propres ou se il ne les ont prises a loyal nou-
rechon. Et che leur ai ge donnet et otryet a tenir de
moy et de mon hoir qui la terre de peule tenra parmy
ce cascune de ces villes devant dites doit rendre cascun
an a moy et a mon hoir qui le terre de peule tenra v sols
de blans v dartisiens de cens le jour s. Remy. Et s'il
avenoit que aucune de ces villes devant nomees ne vo-
loit payer chel cens com il est deseure dit elle seroit
hors del pasturages devant dit jusques atant que elle
aroit payet les v sols et les aricrages saricrages y avoit.
Et si voel et otroy que li abbeie del honneur nostre Dame
dales Orchies ait el pasturage devant dit autelles aises et
autel droit comme les villes devant nomees as us et as
coustumes que les villes devant dites les tenront e ense-
ment li prestre de ces lieux ; et pour chou que chist
dons soit fermes et estables ne mi hoir ne aultre ni puist
rien dire ne aler encontre je lor en ay donnees ces lettres sayelees de men propre sayel.

Ces lettres furent donnees a Orchies en lan del incarnation Jesus-Christ mil IIe XLIIIJ el mois davril (avril
1244).

Jou WILLAUMES quens de Flandres et sires de Dampierre fay savoir a tous cheaulx qui ces lettres verront
que jay veuwes les lettres me tres chiere Dame me mere
Margherite contesse de Flandres et de Haynau dont la
fourme est tele : Jou Margherite, etc.

Et auteulx lettres leur ai ge donnees comme me Dame
de Dampierre anchois que ces lettres fussent faictes que

je leur conferme et lesquelles il ait avoes cestes. Et pour
che que ces dons leurs soit ferme et estables ne my hoir
ne aultres ni puist riens dire ne aler encontre, je leur ay
donnees chez lettres sayellees de men sayel. Che fu fait
a Orchies en lan del incarnation notre seigneur mil CC
quarante V el mois de may (mai 1245) et jou Willaumes quens devant dis par le volente me chere Dame me
mere devant dicte ces coses devant dites otroie loe et
conferme par mon sayel et par ces lettres qui furent
donnees lan del incarnation nostre seigneur mil deux
cens XLVIII el mois de juillet (juillet 1248).

IX. Testament de Hotte, Hoste ou Otton de Lalaing, en date du 30 janvier 1416.

Sachent tout qui cest escript voiront u orront que
pardevant le maieur et en le presence des eschevins
de le ville de Lalaing chi apres nomes est venus et comparus en se propre personne hauls et nobles monseigneur Hoste, seigneur de Lalaing et de Buguicourt chevalier liquels de se bonne volente dist congneut
et confessa que il avoit fait et ordonne pour le salut
de lame de lui et de tous quil y entent a acompai-
gnier 1 obit perpetuel a faire cascun an en leglise de
Lalaing a tousjours perpetuelement en le maniere quil
sensuit ; et premiers veult et ordonne que tantos apries
sen trespas en otel jour quil plaira au Dieu de le rapiel-
ler de ces siecle ou en aultre jour competens etc. etc.

Tantos apries ce chilis jours estoit empechies ou ocou-
pes (soit dit) service divin ou aultrement vigiles a IX
lechons a note et le lendemain messe a note notable-
ment par le curet de Lalaing ou sen lieutenant accom-
paignies de trois prestres reviestuz a le messe a diakeno
ainsi quil apertient, lesquels prestres lidit cures ou ses

lieutenans devera mander au dehors se tant nen avoit en
le ville pour lequel cose li dit cures ou ses lieutenans ara
et devra a avoir en se part dys wyt sols et parmi tant il
est et sera tenus de livrer cascun an deux chierges pesans
cascun une livre a mettre sur le tombe au kief et au piet
ardans au vigiles et al a messe. Item veult et ordonne li
dis monseigneur que cascun ait wyt s. entendu quil
doivent y estre as vigiles et le messe reviestus et doivent
ossi cascuns une messe cheli jour pour lame de lui.
Item veult et ordonne que li clers de le eglise pour dit
est ait II s. item a ordonnet laissiet et donnet pour Dieu
et en aulmonsne au linaux de leglise en general XII s.
de rente a...... Item ordonne laissiet et donnet a le po-
vrete et aulmonsne de Lalaing 40 sols de rente hirtable
cascun an a payer ces rentes au terme de le saint Remy.
Item veult et ordonne avecq les coses dessus dites trois
rasieres de bled a faire pains pour donner as povres
gens de le ville cascun an perpetuellement ou a cheli
obit que li aulmonsne est et sera tenue de faire mieulre
cuire et distribuer cascun an audit jour pour lequel obit
ordonnanchie estre fait dit entretenu en le maniere
dessus devisee lidit Monseigneur a donnet et laissiet ordonnet a laulmonsne de Lalaing plusieurs hirtaiges et
tierres avecq aucunes rentes hirtables qui jadis furent
Robiert cordelier gisant liquel par le trespas de Rifflait
fil bastard doudit Robiert estoient venues et esques audit mon seigneur ad cause de sa bastardie......

Tous lesquels hirtaiges et terres avecq les rentes declares et parties et pieches dessusdites ensi quil se comprendent et sestendent ens les bones desoubz descure de
tous austres, wit u herbeghiet lidit Monscigneur en
le....... veulle et esteuwe desdits eschevins a rapportet
et quitiet et sen est dessaisis deviestis et deshirtes bien
et souffisamment pour goir entirement et possesser paisiblement a tousjours par laumonsne comme propre

hirtaige a ly acquis a tout quierques rentes et debvoirs
quelles pueent devoir et pour avoir recepte louer tous
les prouffis fruis ,et esmoluuncns qui diceulx porront
naistre ne venir depuis ores en avant a tousjours hirta-
blement. Et a lidit monseigneur renonchiet et renouche
miemement et absolument a tout le droit part et action
quilz si hoir ne aultres ou nom deulx y porroit deman-
der ore ne en tamps advenir. Et parmi tant li dis aulmonsne par laccort et commun consentement dou maire
de le loy et de toute le communaulte ad che sollempuel-
ment appiellee nul ne avoi contredisant este tenue et ad
che obligie de acomplir, raemplir, payer, delivrer et entretenir plainement et entirement depuis ore en avant a
tousjours toute lordonnance chi dessus et sur lequel
deniers que on povoit donner sur les biens de laulmonsne pour les constraindre a acomplir tout che dont il seroit en deffaulte sauf tout se en temps advenir empechement ou troubles fust mis par aucun cas davanture
et droit assenes ou que les hirtaiges et rentes dessus dites fuissent adnichelees admenries ou admenties par coy
li dite aulmonsne nen pouwist goir paisiblement ille seroit deschargie de le charge dessus dite de acomplir ladite ordenance fors que a lavenant de che que on en
recepveroit au jour le jour. En touttes les droit coses
fait, mis, adjouste et warde toutes les sollempnites qui
en tel cas sont et appartiennent a faire fais et acomplis
selon lusaige, coustume et loy de le ville.

A toutes lesquelles coses faire passer et recoignoistre
fu comme Maires de la ville de Lalaing Jehans des Au-
biauls et si fut comme eschevin dud. lieu ad chou et
pour chou especialement bucket et apiellet sauf tous
drois Jakemais Fauches , Colais li blons , Wernis de
Markette, Jehan Maulioit, Jehan Doicte, Jehan Petite et
Jehan Harneschiel. Che fu fait a Lalaing le darain jour
du mois de janvier lan mil IIIIᶜ et scese (janvier 1416).

X. Testament de Guillaume de Lalaing, en date
du 4 septembre 1473.

A tous ceulx qui ces presentes lettres verront GUILLAUME
seigneur de Lallain, de Bugnicourt, Fressaing, Hordaing, et seneschal dOstrevant, salut. Savoir faisons que
nous desirans laugmentation du divin service a la loenge
de Dieu notre createur et pour le salut des ames de nous
de Jehenne de Crequi notre chiere compaigne et de
deffunts messires Jacques, Philippe et Anthoine de Lallain, nos enfans, nos affection et desir ait este et soit de
avoir ordonne fait et fonde et par ces presentes fondons
et ordonnons quatre obys perpetuelz estre dits et chele-
brez perpetuelement solempnelment et a tousjours en
leglise de notre ville de Lallain a vegilles et commen-
dasses noeuf salmes et noeuf lechons a diacre subdiacre
et choriste ainsi aux jours et par le maniere qui sensieult.
Est assavoir le premier obyt pour les ames de nous et
de notre dame compaigne chacun an perpetuelment le
prochain mardi apres le feste et solempnite du jour saint
Jean-Baptiste ou aultres tel jour le plus convenable apres
que faire se polra. Le second pour lame dudit deffunt
messire Jacques de Lallaing notre filz aisné lequel gist
en le chappelle de notre Dame de Sainghin scitué en ladite eglise de Lallain et aussi pour les ames de nous de
notre Dame compaigne et de nos bienfaiteurs, lequel
obyt se fera chacun an au troiziesme jour de juillet en
suivant ledit premier obyt. Le troisieme obyt pour lame
dudit deffunt messire Philippe notre filz lequel termina
vie par trespas en la bataille du Mont le Hevry et qui
gist au chœur de leglise dudit Mont le Hevry, lequel
obyt se fera chacun an le seiziesme jour dudit mois de
juillet ou aultre tel jour apres plus licite que faire se
polra. Et le quatriesme et exrenier obyt pour lame du-

dit feu messire Anthoine, lequel gist en ladite chappelle de notre Dame de Sanghien et aussi pour les ames
de nous et de notre Dame espouse.

En tesmoing de ce nous avons fait mettre nos seel a
ces presentes lettres qui furent faites et donnees le IIIIme
jour du mois de septembre lan de grace mil quatre
cent soixante et treize. Ce prions a notre tres chier et
ame filz aisne et heritier apparant maistre Jehan de Lalain licencie en decret prevost de Liege et de saint Ame
quil lui plaise approuver consentir et accorder les fondations et choses dessus dites et a ceste fin et que la
chose demeure a tousjours ferme et estable fasse mettre
son seel a ces presentes avec le notre. Et nous Jehan de
Lallaing dessus nomme a la requeste de mondit seigneur
et pere desirans lui complaire en ceste maniere et en
toutes aultres, meismement aussi laugmentation du service divin avons loc gree ratiffie et approuve loons
greons ratiffions et approuvons mis et mettons notre
consentement. A toutes les choses dessus dites, vollons
icelles a tousjours sortir et porter plain effect. En tesmoing et approbation de ce avons mis et pendu notre
seel a ces presentes avec le seel de mondit seigneur et
pere les jour et an dessus dictz.

XI. Lettres, en date du 15 décembre 1515, par
lesquelles Charles Ier ratifie divers obits fondés par ses
prédécesseurs, et constitue à l'église de Lalaing une
rente pour le repos de son âme et de celle de son
épouse.

Nous Lanselot de Launais, Jehan Decordes dit de la
Chapelle, Jacques Daix et Jennet de Frieres, savoir faisons a tous que pardevant nous qui pour ce speciale-

ment y presens , appellez comme hommes de fief de la
comte de Haynaut et court de Mons et aussi en la personne et au tesmoing de venerable et discette personne
Monseigneur maistre Michiel de Labinchier , doyen et
chanoine de l'église collegiale de notre Dame dAntoing
diocese de Cambrai comme notaire apostolique imperial
a ce evocquiet et requis :

Comparut personnelement hault noble et poissant
monseigneur CHARLES , baron de Lalaing , dEscornay ,
pers de Haynaut, seigneur Descussigniz , etc. chevalier
de lordre de la Thoison dOr, conseiller, chambellan de
lempereur et de Monseigneur l'archiduc Charles ; et la
en droit de sa bonne pure et agreable volente sans constrainte nulle cogneult que pour office de piété et par
affection damour naturelle quil avoit et estoit tenus envers ses predecesseurs trespasses signeurs de Lalaing
aussi de son feu seigneur et pere Monseigneur Josse signeur de Lalaing en son temps gouverneur de Hollande
et chevalier de l'ordre lequel luy avoit acquis et achepte
ladite terre de Lalaing aux charges de certains obitz au-
monsnes et ordonnances salutaires des ames de ses predecesseurs signeurs de Lalaing dont les comptes ordi-
naires de ladite terre en font plaine mention au chappi-
tre des mises dicheulx. Ce considere ledit monseigneur
Charles vœult et ordonne que lesdites obitz de ses an-
chiens predecesseurs signeurs de Lalaing aussi celui de
son feu signeur et pere pareillement entendus aultres
ordonnances et services divins lesquelz en son vivant seront la ordonnez soient ditz celebrez acomplis et parfais
en la maniere ordinaire et distributions et jours limitez
comme sensieult et comme il entend quil sont ordonnez
par lui et sed. signeurs predecesseurs.

Et primes lohit monsigneur Nicholas signeur se fera
a tousjours en leglise de Lalaing le merquedy des quatre

temps de ladvent auquel on donne aux poures assistans
audit obit trois rasieres de bled convertis en pain et quarante gros de rente a laumosne de Lalaing, etc.

Item pour lobit de Monseigneur hoste signeur de Lalaing en son temps et de Madame Yolent de Barbenchon
son espeuse lesquelz gisent en la chappelle de saint Jehan, et fait on ledit obit chacun en ladite eglise le XXe
jour en sievant le Noel auquel aubit on donne aux poures présens trois rasieres de bled convertis en pain et
30 livres de rente que mondit signeur Hoste laissa a
laumosne, etc.

Item lobit de feu Monseigneur Josse signeur de Lalaing
et heritier dicelle terre chevalier de l'ordre de la Thoison dOr gouverneur de Hollande lequel trespassa le chinquiesme jour daoust lan mil IIII ^{mxx} trois (1483) au
siege devant la cite dUtrecq et son corps enterre au
cloistre Dainze en Flandre et de deffunte Madame bonne
de la Viefville son espeuse laquelle trespassa le IIe de
march. an mil V^e et trois (1503) lequel obit est celebre
chacun an le chinquiesme jour daoust ordonne par
Monseigneur Charles baron de Lalaing leur filz aisne
dont on paye au cure etc.

Mondit signeur Charles baron de Lalaing a ordonne
ung tel et parel obit et service pour lame de ly et de
madame Jacqueline de Luxembourg son espeuse pour
estre distribuet et payet le trespas advenu de lun dicheulx
signeur et dame, lequel obit se dira tousjours en leglise de Lalaing le IIe jour de janvier, auquel obit sera
distribué, etc.

Item mond. signeur Charles ordonne et vœult quil
soit chante vespre de Notre dame ung salut et ung de-
Profundis sur le soir en la chappelle de nostre Dame des
albalestriers en leglise de Lalaing.

Item de rechiefz vœult mond. signeur et ordonne que

tous les ans au jour de la conception de nostre Dame et
a perpetuite soit celebre une feste et ducasse en la chapelle de son chasteau pour chanter vespres la nuit de
lad. conception, etc.

Item mond. signeur Charles cognoit ratiffic vœult et
ordonne que le don et fondation quil a fait par cy devant
a lhostel Dieu et hospital de saint Anthoine de Lalaing
de une messe, etc.

En tesmoing desquelles choses dessus dites, nous
lesd. hommes dessus d. pourtout que avos este presens
et especialement requis et appellez comme hommes de
fiefz si que dist est la ou mond. seigneur Charles baron
de Lalaing fut cognent et debvisa ces presentes ordonnance et obligation par meur bon et delibere consel sur
ce par lui pris a ses conseilliers spirituelz et temporelz
et meismes en a ces presentes selleiz de son seel armoyez
de ses armes et signe de son saing manuel. Et sy avons
ces presentes lettres scelleez de nos seaulx avcucq le
saing et subsjection dudit notaire cy dessoubz mis et
pourtrait.

Ce fut fait et passe au chasteau de Lalaing le dernier
jour de decembre an de grace mil chincq cent quinze.

C. LALAING.

Et sur le côté se trouve la mention, en latin, de l'intervention
de Michel de la Buissière, notaire apostolique, avec un cachet
fait à la main, au-dessous duquel il a apposé sa signature.

Quatre sceaux étaient suspendus à ces lettres ; il ne reste plus
que les rubans auxquels ils étaient attachés.

XII. Lettres, en date du 1er juillet 1518, par
lesquelles Charles Ier déclare faire donation à son fils
Jacques d'une maison sise à Valenciennes, rue Cardon, connue aujourd'hui sous le nom de rue du
Quesnoy.

Nous Nicolas de Quaroube , Jehan Bryart et Guillaume de Rantre, savoir faisons a tous que pardevant nous
qui pour ce y fumes presens et especialement appellez
comme hommes de fiefz a la comte de Haynaut et court
de Mons. Comparut en sa personne hault noble et puissant seigneur Messir CHARLES baron de Lalaing seigneur
Descornetz et chevallier de l'ordre de la Thoison dor, et
recongneult de sa bonne France et liberalle volunte
sans constrainte aucune que comme maghaires pour la-
mour naturelle quil avoit et a a Jacques de Lallaing
seigneur Descornetz son fil aisne et pour aultres causes
a ce le mouvant, il avoit donne a icellui son fil par don
dentrevif et sans rappel, une maison , court, gardin ,
grange et hiretaige quil a presens naghaires achette
pour en faire son proffit et volunte seant en la ville de
Vallenchiennes en le rue Cardon tenant a liretaige Ja-
queme de la Fontaine et parderriere ayant issue en le
ruyelle que lon dit peanchelle , ensemble une petite
maison aussi par lui comparant acquise joindant a ladite
grande maison et y tenant daultre coste. Pour desdittes
maisons et hiretaiges dessus declares ainsi quelles sont
sestendent et comprendent conjoinctement et par ensemble avec de tous les meubles de bois qui seront servant a dittes maisons, tous ornemens calixte et aultres
choses servans a la chapelle estans en icelle maison et
au chastel de Lallaing , tous livres tant en parchemin
que en pappier , painteurs , tableaux et aultres choses
samblable , toutte artillerie armures , habillemens de
guerre , arcqs a main et arballestres , espees, daghes ,
couteaulx et touttes choses de quoy lon se polroit aidier
a la deffence de la maison et chastel de Lallaing ou de
ladite ville de Vallenchiennes, etc. etc.

En tesmoing desquelles choses nous lesdis hommes
de fiefz en advons ces presentes lettres scellees de nos

10

seaulx. Ce fut fait le penultieme jour du mois de juillet lan mil cinq cens et dix huit.

XIII. Lettres de Charles de Lalaing à sire Antoine de Goignies , du mois de février 1555.

MÉMOIRE pour vous Goignies que je despesche presentement par charge du Roy vers Monseigneur l'amiral de France.

Vous irez avecq la plus grande diligence que vous sera possible devers ledit seigneur admiral, auquel vous presenterez apres mes tres affectueuses recommandations mes lettres, lui disant que par icelles il cognoistra le rapport que a este faict a leurs Majestez de notre besoigne, Et comme icelles sont prestes a le ratiffier si avant que du coste de France le semblable se face. Mais quil sera requis que tost lon entende sur ce poinct de la ratiffication le vouloir du Roy de France afin que que icelluy quy se doibt aller en Italie pour faire publier la tresve celle part puisse partir. Vous remettant a ce que mes lettres que je luy escriptz contiennent , apres lavoir asseure que lon a escript a toute diligence devers les capitaines des chevaulx legers pour faire incontinent mettre a delivrance les marchans dont il ma escript, quy soubz confiance de ceste tresve sont venuz pardeça comme aussy il aura entendu par mes precedentes, et quil sasseure qu'il ny aura faulte, selon que de ce costé nous traictons sincerement et de bonne foy.

Et pour aultant que comme vous verrez par la copie desdites lettres je luy escriptz que lon continuera la besogne pour parvenir a la delivrance des prisonniers sil ne vous dict sur ce poinct aultre chose et que vous voyez que se satisfasse ne que je luy escriptz. Vous ne

luy direz autre chose, mais si tant est quil y mette scru-
pule ou voeuille avoir plus de declaration , disant quilz
pretendent de leur costé quils soient mis a rançon dar-
gent vous lasseurerez que telle est la volunte ¡de leurs
Majestez, Et que sur ce que jay mis en avant ce point ,
comme chose touchee par eulx leurs ditez Majestez
mont asseure que telle est leur intention, et que en ne
il ny aura faculte , Et au surplus vous eviterez dentrer
en autres praticque et negociations vous en desmeslant
generalement. que n'en avez charge sinon de soliciter
afin de tost scavoir la volonte du Roy de France sur la
ratiffication,

Fait en Anvers le 21ᵉ de febvrier 1555,

Signé : C. LALAING.

A ces lettres se trouve une note conçue en ces termes :

« Il ma dict oultre quil plaise a voz majesté entendre
que comme les choses sont au terme de paix que Monsieur le connestable (1) lequel a credit vers le Roy ,
voiant que on auoit use de quelque honesteté envers
son fils , son nepveu et beau nepveu qu'il scroit plus
affectioné a faire services ainsy de Madame De Valenti-
nois (2) qui est fauorise du Roy remettant le tout assez
bons vouloir.

Se plaint aussy ledit amiral (3) que on a prins quelque petit bateau de pescheur despuis la tresve conclue
lesquels ont esté menez a Flesingue pris que le tout
soit rendu. »

(1) Anne de Moutmoreucy.
(2) Diane de Poitiers.
(3) De Coligny.

XIV. Ici devait se placer la lettre de Charles-Quint du 11 mai 1579 , indiquée dans la note 2 , page 54 ; mais la copie n'étant pas, selon nous, correcte, nous avons cru ne pas devoir la faire imprimer.

XV. Lettres de légitimation de Philippe de Lalaing.

Charles par la divine clémence, empereur des Romains, etc. A nos amez et féaulx les chief, président et gens de nos prive et grand consiulx , chiefs , trésorier général et commis de nos domaine et finances , chancellier et gens de notre conseil en Brabant , président et gens de notre chambre de conseil en Flandres, président et gens de nos comptes à Lille et à tout aultres nos justiciers et officiers cui le regardera , leurs lieutenant et à chacun d'eulx salut et dilection. Comme par aultres noz lettres patentes datées du mois de mars mil cincq cens vingt trois nous euissions à l'humble supplication de Philippe de Lalaing , fils naturel et illégitime de notre très chier et féal chevalier de notre ordre , conseiller et chambellan , chief de nos finances et gouverneur de Hollande , messire Anthoine de Lalaing , comte de Hoochstrate. Icelluy Philippe de Lalaing légitimé et aboli le défault de sa nativité en lui accordant qu'il puist comme personne légitimée succéder en tous ces biens meubles et immeubles es quelz de droit et par la coustume du pays il devroit et pourroit succéder s'il estoit procrée en léal mariage et venir aux successions de ses père et mère et d'autres qui lui compétent et competront cy après , pourveu que les plus prochains parens de lignage sy consentent et aucun droict ny feust ja acquis par aultre aussi qu'en ce cas il puist avoir et tenir pour luy, ses hoirs et successeurs à tousjours tous les biens qui luy

advendront et escherront desdites successions et autre-
ment et qu'il a acquis et acquerra et qu'il puist faire et
ordonner de ses biens par testament ou aultrement
comme bon luy samblera avec aultres graces selon et
par la forme et maniere que nos dites aultres lettres
plus à plain le contiennent lesquelles le trouvons avoir
fait intériner et enregistrer en nostre chambre des
comptes à Lille et en payé à nostre prouffit la somme
de soixante livres de XL gros de nostre monnoye de
Flandres la livre es mains de nostre commis à ce. Et il
soit que ledict Philippe de Lalaing depuis averti par
aucun ses amis et bienveullans que ladite impétration
luy pourroit cy après estre obgecté et arguée de subrep-
tion et de nul effect par faulte d'expression qu'il seroit
par ledit conte de Hoochstrate esté engendré au corps
d'une demoiselle Ysabeau B. de Haubourdin icelle estant
constituée en estat de mariage qui est condition notable-
ment aggravant ladite faulte de progéniture, combien
que au jour de la nativité dudict Philippe elle feusse de-
venue vesve. Nous suppliant sur ce de nostre plus ample grace. Pour ce est il que ces choses considérées, in-
clinans favorablement à la requeste dudit suppliant, en
considération mesmement des services que tant ledict
conte de Hoochstrate que icelluy suppliant nous ont ja
fais et qu'ilz y peuvent continuer, au mesme suppliant
après avoir fait visiter en nostre dit privé conseil nos-
dits aultres lettres avec celle de recepissé y attachée
avons icelles noz aultres lettres de notre certaine scien-
ce, auctorité especiale grace et absolute puissance ra-
tiffié et confermé, ratifions et confermons par ces presentes à l'observance et acomplissement de touttes les
clauses y spéciffiées et declairées en luy octroyant et
accordant de notre plus ample grace, autant que besoing soit, que tant à tiltre de disposition testamen-

taire que de donnation d'entre vifz ou à cause de
mort , il puist et pourra appréhender tous et quelsconques tels biens , terres, rentes, dismes , sg.^{ries}
et aultres meubles et immeubles qu'on luy vouldra
délaisser, donner ou légater , ou pourroit cy devant
avoir delaissier donner ou legater par la manière que
dit est , de quelque nature ou condicion qu'ils puissent estre , et d'icculx biens quelzconques delais-
siez , donnes ou légatez , conquis et à conquerre ,
joyr , possesser et en disposer aussy par testament
ou aultrement, au prouffit de ses enffans ou ainsy
que bon luy samblera, tout ainsy comme s'il estoit
procédé de bon et léal mariage, sans ce que nous ,
nos hoirs et successeurs ou aucun de nos vassaulx y
puisssions ou puissent ores, ne au temps à venir récla-
mer aucun droict, nonobstant la faulte et obmission
que dessus trouvée en sa précédente impétration ne
aussy quelsconques droicts , coustumes, dérogations et
statuz tant de droict escript que aultrement et tant gé-
nérales que spéciales au contraire, que ne voulons audit suppliant à l'effect que dessus aucunement préjudi-
cier , ains l'avons de ladite obmission, pour autant que
besoing est, relevé et relevons de grace espécial par ces
présentes. Si vous mandons et à chacun de vous en
droit soy et si comme à luy appertiendra , que de nostre présente grace, ampliation, déclaration, relievement
et de tout le contenu en ces dites présentes , selon et
par la forme et maniere qu'il est cy dessus specifié et
déclaré vous fetes ledit suppliant plainement et paisiblement joyr et user, sans luy faire, mettre ou donner,
ne souffrir estre fait mis ou donné aucun destourbies
ou empechement au contraire. Car ainsy nous plaist
il. Donné en nostre ville de Bruxelles le XXIIIe jour de
mars l'an de grace mil cincq cens trente quatre avant

Pasques , de notre empire le XVe et de nos règnes de Germanie, Castille et aultres le XIXe. Et sur le ploy estoit escript : Par l'empereur en son conseil et signé Herduick. Et sur le remploy estoit escript : cette charte est enregistrée au registre des chartes tenu et reposant en la chambre des comptes à Lille commençant en juillet XV^c XXXI foliis C IX et X a l'ordonnance de messieurs les président et gens d'icelle le VIII d'avril XV^c XXXV après Pasques par moy et signé Bosquiel.

LISTE ALPHABÉTIQUE

DES SEIGNEURS DU NOM DE LALAING

Qui se trouvent repris dans cette Notice, avec indication des pages.

———◆◆◆◆———

P.

Péronne, 10.
Philippe, 12, 14, 21, 40, 51, 71,
80, 82, 83.
Philippotte, 14, 77.
Philippotte-Chrestienne, 50.
Pierre, 13.
Pierre-Hippolyte, 83.
Pierre de Lalaing, dont nous
n'avons pu trouver l'affilia-
tion, fut nommé prévôt de
l'église collégiale de Saint-
Pierre, par lettres-patentes
du roi d'Espagne, en date du
9 juin 1670,lesquelles furent
confirmées par Monseigneur
l'évêque d'Arras, le 13 du
même mois. Il occupa cette
fonction de 1670 à 1682.
Pierre-Emmanuel, 58.

Pierre-Jacques-Procope, 77.
Ponce, 26.
Ponthus, 24, 26.

R.

Robert, 3.

S.

Samson, 11.
Sanche, 11.
Sidrac, 5, 30.
Simon, 1, 2, 3, 5, 6, 7, 13, 14,
84.
Simonet, 4.

Y.

Yolente, 22.

Douai.— ADAM D'AUBERS, imprimeur (1854).